LE MUR DE BERLIN

Un défi aux droits de l'homme

COMMISSION INTERNATIONALE DE JURISTES
GENÈVE
1962

SOMMAIRE

Avant-propos	5
Cartes	6
Chronologie des événements	7
Introduction	12
I. Le plébiscite par l'exode	14
II. Mesures prises par la République Démocratique Allemande pour empêcher la fuite de la population	15
III. L'évolution constitutionnelle du Grand Berlin	22
IV. L'isolement de Berlin-Est	30
Conclusion	47

Annexes

A. Communiqué du Conseil municipal de Berlin-Est en date du 12 août 1961	50
B. Communiqué du Conseil municipal de Berlin-Est en date du 19 août 1961	51
C. Ordonnance relative à l'interdiction de séjour	52
D. Ordonnance du Conseil municipal de Pritzwalk . . .	54
E Extraits de la presse de la République démocratique allemande	55

AVANT-PROPOS

Les grandes murailles érigées aux époques lointaines de l'histoire avaient pour objet de repousser l'envahisseur ou de résister aux barbares. Unique en son genre, le Mur de Berlin a été élevé pour empêcher les hommes et les femmes devant qui il se dresse d'accéder à la liberté.

La Commission internationale de Juristes n'entend ni enquêter ni se prononcer sur les questions politiques complexes qui font du problème de Berlin le problème international majeur de notre temps. Organisation apolitique, elle s'attache à défendre et à faire progresser les grands principes de justice sur lesquels se fonde la Primauté du Droit. Le respect des droits fondamentaux de l'homme est l'un de ces principes. Le présent rapport n'évoquera donc le problème de Berlin que du point de vue des droits de l'homme et ne fera mention d'évènements politiques que pour fournir les données de fait indispensables.

La documentation sur laquelle il repose a été puisée à de nombreuses sources publiées dans la République démocratique allemande: législation, jurisprudence, déclarations de dirigeants politiques et commentaires de presse. La condition pitoyable de la population de Berlin-Est s'en dégage avec autant d'intensité que si elle émanait du témoignage de milliers de réfugiés. Ce ne fut pas toujours une décision politique mûrement raisonnée qui a poussé ces réfugiés à partir; ce ne sont pas non plus des considérations exclusivement économiques qui les ont conduits dans la majorité des cas. Mais le sentiment qui leur était commun était la crainte de ne pouvoir déterminer librement le cours de leur existence et de celle de leurs enfants, d'être brutalement séparés de leurs familles ou d'être frustrés, chaque jour un peu plus, de leur héritage culturel d'Allemands et d'Européens.

Une collectivité troublée, inquiète, se trouve maintenant isolée du monde extérieur comme par une cloison étanche et privée de sa dernière chance d'atteindre la liberté. La violation des droits de l'homme qui a été commise est portée ici à l'attention de tous les juristes du monde.

Mars 1962   LESLIE MUNRO

ALLEMAGNE :

LES QUATRE ZONES D'OCCUPATION ET BERLIN

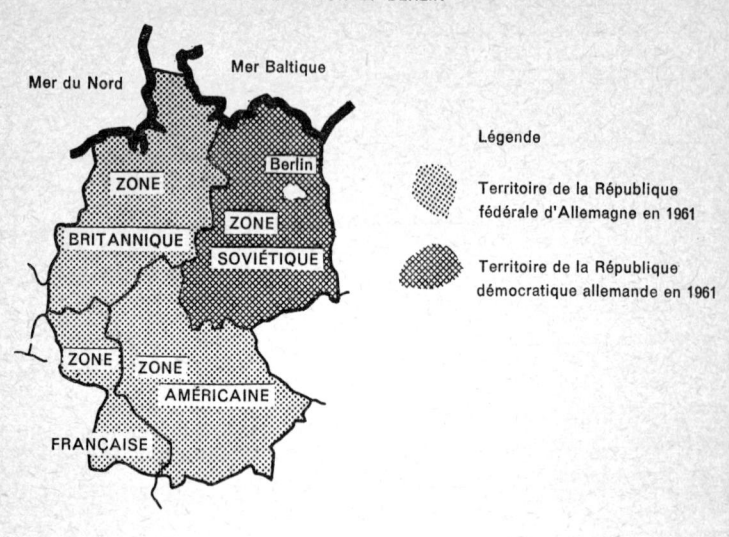

Mer du Nord Mer Baltique

ZONE BRITANNIQUE
ZONE SOVIÉTIQUE
Berlin
ZONE FRANÇAISE
ZONE AMÉRICAINE

Légende

Territoire de la République fédérale d'Allemagne en 1961

Territoire de la République démocratique allemande en 1961

GRAND-BERLIN : LES QUATRE SECTEURS

SECTEUR FRANÇAIS
SECTEUR BRITANNIQUE
SECTEUR SOVIÉTIQUE
SECTEUR AMÉRICAIN

Légende :

Périmètre du Grand-Berlin

le Mur (longueur : 42 km.)

CHRONOLOGIE DES ÉVÈNEMENTS

Octobre 1943 : Conférence des Ministres des Affaires étrangères des Etats-Unis, du Royaume-Uni et de l'Union des Républiques socialistes soviétiques, à Moscou, où fut conclu un accord de principe concernant la responsabilité commune de ces puissances sur l'Allemagne d'après-guerre et sur l'occupation commune de Berlin.

12 septembre 1944 : Protocole entre les Gouvernements des Etats-Unis, du Royaume-Uni et de l'Union soviétique sur les zones d'occupation en Allemagne et l'administration du Grand Berlin.

14 novembre : Accord entre les Gouvernements de ces trois mêmes pays sur l'organisation du contrôle en Allemagne.

Février 1945 : A la Conférence de Yalta, les chefs des Gouvernements des Etats-Unis, du Royaume-Uni et de l'Union soviétique confirment l'accord du 14 novembre 1944. Ils décident également que la France recevra une zone d'occupation en Allemagne et que les Français participeront au Conseil de contrôle allié.

1er mai : Accord entre les Gouvernements des Etats-Unis, du Royaume-Uni et de l'Union soviétique et le Gouvernement provisoire de la République française modifiant l'accord du 14 novembre 1944 sur l'organisation du contrôle en Allemagne et créant une quatrième zone d'occupation et un quatrième secteur du Grand Berlin.

8 mai : Capitulation de l'Allemagne

5 juin :	Déclaration des Gouvernements des Etats-Unis, du Royaume-Uni, de l'Union soviétique et du Gouvernement provisoire de la République française sur les zones d'occupation en Allemagne.
5 juin :	Déclaration des Gouvernements des Etats-Unis, du Royaume-Uni et de l'Union soviétique et du Gouvernement provisoire de la République française sur l'organisation du contrôle en Allemagne.
7 juillet :	Création de l'Autorité administrante interalliée, dite *Kommandatura*, pour le Grand Berlin.
26 juillet :	Accord entre les Gouvernements des Etats-Unis, du Royaume-Uni et de l'Union soviétique et le Gouvernement provisoire de la République française modifiant le protocole du 12 septembre 1944.
2 août :	Clôture de la Conférence de Potsdam entre les chefs des Gouvernements des Etats-Unis, du Royaume-Uni et de l'Union soviétique.
21 avril 1946 :	Le parti communiste devient le S.E.D. (parti de l'Unité socialiste) par absorption des membres du parti social-démocrate habitant Berlin-Est.
13 août :	La Kommandatura, Autorité administrante interalliée, proclame la constitution temporaire du Grand Berlin.
20 octobre :	Elections libres à l'Assemblée municipale de Berlin.
24 juin 1947 :	Election d'Ernst Reuter aux fonctions de maire du Grand Berlin. Le commandant soviétique oppose son veto à cette élection.
20 mars 1948 :	La délégation soviétique se retire du Conseil de contrôle allié.
16 juin :	Le commandant militaire soviétique se retire de la Kommandatura.

24 juin	Après avoir apporté des restrictions rigoureuses au trafic civil des voyageurs et marchandises à destination de Berlin-Ouest, l'Union soviétique parachève le blocus de Berlin-Ouest. Le « pont aérien » est créé peu après.
1er juillet :	En l'absence du commandant soviétique, les puissances occidentales suspendent l'activité de la Kommandatura.
6 septembre :	Une foule de manifestants communistes pénètre dans l'Hôtel de ville situé en secteur soviétique et empêche le déroulement d'une session de l'Assemblée municipale. L'Assemblée tient alors sa première session en secteur britannique.
30 novembre :	Les éléments du S.E.D. de l'Assemblée municipale provoquent une réunion du « Bloc démocratique » et des « représentants des organisations populaires » à l'effet d'élire un Conseil municipal pour Berlin-Est.
21 décembre :	La Kommandatura reprend son activité sans le commandant soviétique.
4 mai 1949 :	Accord des quatre puissances à New York entre les Gouvernements de la France, de l'Union soviétique, du Royaume-Uni et des Etats-Unis sur la levée du blocus de Berlin aux termes duquel « ...toutes les restrictions imposées depuis le 1er mars 1948 par le Gouvernement de l'Union soviétique aux communications, aux transports et au commerce entre Berlin et les zones occidentales d'Allemagne ... seront levées le 12 mai 1949... ».
23 mai :	Promulgation de la loi fondamentale (ou constitution) de la République fédérale d'Allemagne.
20 juin :	Le communiqué final de la sixième session du Conseil des Ministres des Affaires étrangères siégeant à Paris confirme l'accord sur la levée du blocus.

8 juin 1950 :	Le statut sur l'administration de Berlin-Est est promulgué.
3 août :	Promulgation de la constitution de la République démocratique allemande.
1er octobre :	La constitution de Berlin-Ouest entre en vigueur.
4 janvier 1952 :	La troisième loi de transition de la République fédérale d'Allemagne est adoptée. Cette loi place Berlin-Ouest à égalité avec les *Laender* de la République fédérale d'Allemagne en matière juridique, financière et économique.
19 janvier 1953 :	Ordonnance de Berlin-Est intégrant l'administration de Berlin-Est dans celle de la R.D.A.
29 octobre :	L'application de l'ordonnance concernant la délivrance de cartes d'identité dans la R.D.A. est étendue à Berlin-Est à compter du 11 novembre 1953.
19 septembre 1954 :	Loi de la R.D.A. sur les passeports subordonnant le franchissement de ses frontières extérieures à la délivrance d'un passeport et d'un visa.
30 août 1956 :	Une loi de R.D.A. modifiant la précédente introduit des dispositions pénales plus rigoureuses.
11 décembre 1957 :	Une nouvelle loi de la R.D.A. sur les passeports étend les règlements concernant les passeports aux voyages à destination de l'Allemagne occidentale.
11 décembre :	Une loi de la R.D.A. modifiant le régime pénal crée notamment un nouveau délit punissable, le délit « d'incitation frauduleuse à quitter la R.D.A. ».
4 août 1961 :	Le Conseil municipal de Berlin-Est ordonne l'immatriculation de tous les travailleurs frontaliers.

11 août :   En vertu d'une résolution des Etats du Pacte de Varsovie, la Chambre populaire de la R.D.A. donne des instructions au Conseil des ministres sur les mesures propres à assurer « la sécurité de la R.D.A. »

12 août :   Décret du Conseil des ministres et instructions du Ministère de l'intérieur sur l'isolement de Berlin-Est.

13 août :   Commencement de la construction du Mur.

INTRODUCTION

Le Mur que le régime communiste de la République démocratique allemande a construit à travers Berlin à partir du 13 août 1961 a une triple signification.

1. Depuis quinze ans, des millions de ressortissants de la R.D.A. se sont soustraits au régime qui leur était imposé en s'enfuyant vers Berlin-Ouest et la République fédérale d'Allemagne. Ni les exigences très strictes en matière de passeports, ni la peine de trois ans de prison menaçant ceux qui « fuient la République », ou celle de quinze ans de réclusion pour « faux prosélytisme » (incitation frauduleuse à quitter la R.D.A.) n'ont réussi à endiguer le flot. La création d'une zone interdite le long de la ligne de 1320 km qui sépare la R.D.A. de la République fédérale est elle-même restée inopérante tant que l'issue par Berlin est demeurée ouverte en raison de la liberté de mouvement subsistant dans la zone du Grand-Berlin. Pour verrouiller la « porte ouverte sur la liberté », il a fallu construire entre Berlin-Est, qui est soumis à la loi communiste, et Berlin-Ouest, qui est libre, un mur infranchissable. En édifiant ce mur, le Gouvernement de la R.D.A. a avoué concrètement et publiquement qu'il est incapable d'assurer à ses sujets le minimum de liberté, de justice et de bien-être qui distingue un Etat d'un camp de concentration. Nous donnerons donc en premier lieu un compte rendu du phénomène de l'exode des habitants de la R.D.A. et des différentes mesures prises en vue de l'empêcher avant le 13 août 1961. C'est à cet aspect du problème que seront consacrées les première et deuxième parties de ce rapport.

2. Si l'issue par Berlin était restée ouverte aux Allemands de l'Est après même que la ligne de démarcation entre la République fédérale et la R.D.A. ait été fermée, c'est parce qu'à la fin de la

deuxième guerre mondiale les quatre puissances occupantes s'étaient entendues pour reconnaître au Grand-Berlin un statut spécial. D'après ce statut, le Grand-Berlin était divisé en quatre secteurs mais administré en commun, c'est-à-dire traité comme une entité administrative. En 1946 l'Autorité interalliée chargée de l'administration commune de la ville publia une « constitution temporaire du Grand Berlin » en vertu de laquelle étaient créés, pour l'ensemble de la zone, une Assemblée municipale unique et un Conseil municipal unique dotés respectivement du pouvoir législatif et du pouvoir exécutif. Deux ans plus tard à peine le processus de décomposition commençait, il eut pour point de départ la création d'un conseil municipal pour le secteur soviétique. Cette initiative était à la fois illégale et incompatible avec les quatre puissances. La scission, qui affecta de plus en plus profondément la situation constitutionnelle et la vie administrative, n'eut pas d'effet sur les déplacements des Berlinois de l'Ouest et des Berlinois de l'Est de part et d'autre de la ligne passant entre le secteur soviétique d'une part et les secteurs américain, britannique et français de l'autre. La liberté de mouvement dans le périmètre du Grand-Berlin, qui reposait sur les accords des quatre puissances, fut maintenue jusqu'au 13 août 1961. La construction du Mur, qui commença ce jour-là, mit un terme à cette liberté et symbolisa l'effondrement du statut que les accords des quatre puissances avaient établi. L'exposé de ces événements fera l'objet de la troisième partie.

3. La dernière partie du rapport est consacrée aux effets des événements du 13 août 1961 sur les habitants de Berlin-Est. Notre commentaire juridique de cette situation est fondé sur les droits de l'homme que garantit la constitution de la R.D.A. Le Mur est la manifestation du mépris dans lequel ces droits sont tenus.

I. LE PLÉBISCITE PAR L'EXODE

Le flot de réfugiés qui, à partir de 1946, s'est écoulé de la zone d'occupation soviétique en Allemagne — devenue depuis 1950 la République démocratique allemande — vers Berlin-Ouest et la République fédérale d'Allemagne représente un phénomène sans précédent dans l'époque contemporaine. Ce flot humain qui a coulé d'Est en Ouest est un plébiscite unique en son genre contre les rigueurs d'un régime communiste. Jusqu'au 13 août 1961, date à laquelle l'isolement de Berlin-Est fut consommé et la dernière issue vers l'Ouest définitivement coupée, on évalue entre 3,7 et 4 millions le nombre des habitants des régions de l'Allemagne occupées par les Soviets qui se sont enfuis à l'Ouest. De 1950 à 1959, la population de ces régions (RDA et Berlin-Est) est tombée de 18,4 millions à 17,4 millions d'habitants. Les régions de l'Allemagne occupées par les Soviets sont le seul territoire d'Europe, pour ne pas dire du monde, où la population ait été en diminution constante.

Le nombre exact des réfugiés de la zone soviétique ne peut pas être déterminé avec certitude car l'immatriculation n'a été instituée qu'à partir de septembre 1949. Toutefois, de septembre 1949 au 15 août 1961, on enregistra 2.691.270 réfugiés. Les statistiques nous apprennent que les deux sexes étaient représentés presque à égalité et que 50% des réfugiés étaient des jeunes de moins de 25 ans. La répartition par professions montre que la proportion des personnes appartenant à la population active a toujours été de 60,5%. Si l'on étudie cette répartition dans le détail on constate que les ouvriers et artisans viennent en tête, suivis par les travailleurs du commerce, des transports et de l'agriculture et, finalement, par les intellectuels. Si le nombre des réfugiés appartenant aux professions libérales n'atteint pas en valeur absolue celui des autres groupes professionnels, son importance est telle que bien souvent l'ancienne classe cultivée a presque entièrement disparu. De 1954 au milieu de 1961, on a dénombré parmi les réfugiés venus de la R.D.A.:

> 3.371 médecins;
> 1.329 dentistes;
> 291 vétérinaires;
> 960 pharmaciens;
> 132 magistrats du siège et du parquet;
> 679 avocats et notaires;
> 752 membres de l'enseignement supérieur;
> 16.724 professeurs et maîtres des autres ordres d'enseignement;
> 17.082 ingénieurs et techniciens.

Par son ampleur, par la composition de ses éléments selon l'âge et la profession, cette hémorragie de réfugiés a porté un coup très dur à l'économie des régions de l'Allemagne occupées par les Soviets et aussi au prestige du régime communiste dans la R.D.A. et à Berlin-Est.

II. MESURES PRISE PAR LA RÉPUBLIQUE DÉMOCRATIQUE ALLEMANDE POUR EMPÊCHER LA FUITE DE LA POPULATION

Le régime des passeports et les délits en la matière

Le Gouvernement et le Parlement de la R.D.A. avaient pris, il y a déjà assez longtemps, des mesures administratives et pénales qu'ils ont ensuite rendues plus rigoureuses dans le dessein de lutter contre l'exode et, d'une manière générale, de rendre plus difficile tous les déplacements entre la R.D.A. d'une part, la République fédérale et les pays étrangers d'autre part.

Une loi de la R.D.A. subordonnait le franchissement de toute frontière à la délivrance d'un passeport et d'un visa (loi sur les passeports du 15 septembre 1954, modifiée par la loi du 30 août 1956). Toute personne quittant le territoire de la R.D.A. ou y entrant sans le permis exigé, ou ne se conformant pas aux instructions relatives à la destination, aux itinéraires et à la durée des voyages et toute personne se procurant frauduleusement et par des déclarations inexactes un permis de voyage en sa faveur ou en faveur d'une autre personne étaient passibles de trois ans d'emprisonnement.

A l'origine, ces règlements ne s'appliquaient pas à la circulation intérieure à l'Allemagne, c'est-à-dire aux voyages à destination de la République fédérale. Ils furent étendus à ces voyages par une loi du 11 décembre 1957 qui modifiait les précédentes et stipulait essentiellement que tout voyage non autorisé à destination de l'Allemagne occidentale pouvait tomber sous le coup de la législation concernant le délit de fuite. Se rendait coupable de ce délit toute personne quittant le territoire de la R.D.A. sans être en possession de l'autorisation nécessaire. En 1958, première année d'application de la nouvelle loi de 1957 sur les passeports, on constate une diminution de 75% des voyages privés de la R.D.A. vers la République fédérale.

Les condamnations pour violation de cette nouvelle loi sur les passeports ont été nombreuses. De janvier à octobre 1958, les poursuites atteignirent le nombre de 110, sous ce chef d'inculpation, devant l'un des huit tribunaux municipaux de district de Berlin-Est. A titre d'exemple, nous mentionnerons un jugement très récent: le 21 août 1961 le tribunal municipal du Grand Berlin condamnait les inculpés K. et P. à douze et huit mois d'emprisonnement respectivement pour tentative d'évasion de la République. Dans son jugement le tribunal s'exprimait comme suit:

> En vertu de l'article 5 de la loi sur les passeports, amendée par l'article 1 de la loi modifiée du 11 décembre 1957, l'inculpé K. s'est rendu passible de condamnation pour avoir tenté illégalement de quitter le territoire de la République démocratique allemande. Sa tentative a échoué. L'inculpé est donc condamnable pour tentative de violation de la règlementation sur les passeports. L'inculpé P. a aidé et couvert l'inculpé K. dans sa tentative pour quitter la R.D.A. illégalement en le cachant dans sa voiture pour tenter de le dissimuler aux agents de surveillance à la *frontière de notre Etat*. Il est punissable pour cette aide et pour ce soutien.
> *Parmi les éléments sur lesquels il fonde sa décision, le juge doit tenir grand compte du tort considérable que les actes commis par les inculpés risquent de causer à la société.* [1]

Comme le mouvement d'exode ne diminuait pas, la R.D.A. subordonna la délivrance des passeports et visas de sortie par les autorités compétentes à des exigences de plus en plus rigoureuses. Par exemple, à partir de 1957, les permis de voyage dans la République fédérale furent, à de rares exceptions près, refusés à certains groupes déterminés (étudiants d'université, élèves d'écoles secondaires, membres de la Jeunesse allemande libre, instituteurs,

---

[1] *Neue Justiz* (Berlin-Est, publication du Ministère de la justice, de la Cour suprême et du procureur général de la R.D.A.), 1961, p. 617 et suiv.

employés de l'Etat et des entreprises nationalisées). Au printemps de 1959, une procédure spéciale pour l'octroi de permis de voyage fut instituée. Dans les districts relevant de gouvernements locaux ce furent les « Comités pan-allemands du travail » qui eurent à statuer, en premier ressort, sur les demandes de permis de voyage. Les décisions de ces comités étaient ensuite contrôlées par la Police populaire. Plus récemment, la délivrance de ces permis a été confiée aux Commissariats de district de la Police populaire.

Le délit de « faux prosélytisme »

Les sanctions pénales déjà introduites dans la législation de la R.D.A. sur les passeports et dans les règlements du Conseil municipal de Berlin-Est sur le même sujet, à l'effet de lutter contre la fuite de la population, ont été complétées le 11 décembre 1957 par une loi portant addition à certaines dispositions du code pénal. Par son article 21 (1), cette loi créait un nouveau chef d'inculpation, le délit d'« incitation frauduleuse à quitter la R.D.A. ». Pour préciser ce que cette expression visait, le Ministre de la justice de la R.D.A., Hilde Benjamin, fabriqua l'expression « faux prosélytisme » (une traduction littérale de l'expression allemande serait « recrutement pour l'étranger »). La peine attachée à ce délit peut aller jusqu'à quinze ans de prison. En outre, la confiscation des biens peut être prononcée. Est passible de ces peines quiconque

> incite frauduleusement autrui à quitter la République démocratique allemande
> (1) soit pour le compte d'organisations d'agents, de services d'espionnage ou autres organisations similaires ou pour le compte d'entreprises commerciales,
> (2) soit en vue de prendre du service dans des organisations de mercenaires.

En vertu de l'article 21 (2) de la loi modifiée précitée, une peine de six mois de prison au moins sera prononcée contre :

> quiconque tente d'inciter frauduleusement un mineur ou une personne en cours de formation professionnelle ou toute autre personne, en raison de son activité, de ses capacités ou compétences spécialisées, au moyen de menaces, tromperies, promesses ou autres procédés influençant la liberté de choix, à quitter la République démocratique allemande.

Cette disposition détermine les éléments qui sont requis pour qu'il y ait délit de faux prosélytisme. Gustav Jahn, vice-président de la Cour suprême de la R.D.A., a précisé ce que l'on peut considérer comme « procédés influençant la liberté de choix » dans un article où il écrit notamment [2] :

> Les procédés de l'incitation frauduleuse comprennent le fait d'exercer au degré et de la manière voulus une influence idéologique dont les motifs et le fondement tendent à présenter comme juste et nécessaire la décision de quitter la R.D.A. : promesse d'un emploi, d'un logement, exaltation des conditions présentes en Allemagne occidentale (qui constitue en soi un leurre) etc. Les principaux procédés employés sont les suivants:
> (1) Exaltation des conditions en Allemagne occidentale. Le tiers environ des incitateurs fondent leur faux prosélytisme sur l'argument que le déserteur trouvera en Allemagne occidentale une « liberté réelle » et de « meilleures conditions de vie » qu'en R.D.A. Toutes les affaires dans lesquelles les incitateurs sont convaincus d'avoir mentionné ces prétendus avantages de la vie en Allemagne occidentale relèvent de ce procédé.
> (2) Le procédé suivant est celui de la persuasion; comme Kühlig l'a déjà expliqué, il consiste habituellement à tenir des propos encourageants à ceux qui commencent à hésiter, pour armer leur résolution, dissiper leurs doutes, etc. Comme Kühlig l'explique, cette méthode s'accompagne en général de promesses, de propos exaltant les conditions régnant en Allemagne occidentale, etc. De ce fait, il est nécessaire — contrairement à l'avis de Kühlig — de classer les procédés apparentés dans une catégorie à part, indépendante du procédé de persuasion. La persuasion peut aussi comprendre certaines promesses et un certain élément de tromperie.
> (3) Après la persuasion, vient le procédé des promesses — spécialement mentionné dans la loi. On fait luire la perspective d'un gagne-pain après la désertion. Toutefois, ces promesses sont en grande partie démagogiques et se révèlent sans fondement. Ruses indignes et malfaisantes, elles mettent en pleine lumière tous les aspects de ce faux prosélytisme.

La République démocratique allemande accuse la République fédérale d'Allemagne de se livrer à la traite

Des précisions que nous venons de donner sur le crime de faux prosélytisme, on ne doit pas conserver l'impression que le législateur de la R.D.A. était tenu, en quelque façon que ce fût, de créer ce délit. Ce faisant, il a, au contraire, voulu faire accroire que les « organisations d'agents, services d'espionnage et autres » existent bien dans la réalité. Il a aussi fourni, de ce phénomène inquiétant qu'est l'exode, une explication qu'il espérait que le monde retiendrait. Pourtant, Walter Ulbricht lui-même, premier

---

[2] *Neue Jusitz*, 1958, p. 840 et suiv.
[3] Le S.E.D. est en réalité le Parti communiste de la R.D.A.

secrétaire du Comité central du Parti de l'Unité socialiste d'Allemagne, ou P.U.S. [3] et Président du Conseil d'Etat de la R.D.A. n'a pas mis l'exode massif des habitants de la R.D.A. sur le seul compte de l'occident lorsqu'il a déclaré le 20 mars 1961 devant le Comité central du S.E.D. :

> Il arrive couramment que des citoyens appréciés abandonnent la République démocratique allemande parce qu'ils ont été soumis à un traitement tracassier et désobligeant de la part des services de l'Etat et, souvent, de la part des organes du Parti, et parce que leurs désirs légitimes n'ont pas été pris en considération. C'est pour de telles raisons qu'ils deviennent fréquemment la proie du faux prosélytisme, de la traite systématique des êtres humains dirigée par Bonn.

La cause essentielle de l'exode n'est cependant pas recherchée dans les erreurs propres de la R.D.A. Elle est attribuée plutôt, comme on dit en langage communiste, aux efforts des militaristes de l'Allemagne occidentale pour saper le potentiel économique de la R.D.A., utiliser les réfugiés comme espions et chair à canon, jeter le discrédit sur la R.D.A. et par là sur le camp socialiste devant le tribunal de l'opinion publique mondiale en faisant valoir le nombre considérable de réfugiés. Cette interprétation se retrouve aussi dans la jurisprudence, notamment dans une décision de la Cour suprême où on lit ce qui suit (Affaire *Adamo et Consorts*, 2 août 1961):

> Les victimes sont encouragées à passer à Berlin-Ouest sous prétexte d'y participer à un débat innocent; une fois là, elles sont poussées à abandonner les moyens d'existence assurés qui sont les leurs et à trahir la République démocratique allemande. Dans l'Ouest, selon la procédure dite d'accueil d'urgence, elles sont sévèrement interrogées par les services secrets de l'Allemagne occidentale et des autres pays impérialistes et doivent indiquer des filières qui permettront de généraliser la traite des êtres humains. De Berlin-Ouest, ces malheureux sont envoyés en Allemagne occidentale pour y être exploités jusqu'au bout. A partir de Berlin-Ouest, les traitants approvisionnent les casernes de l'OTAN où, sans souci des intérêts propres de leurs élèves, des officiers nazis instruisent une jeunesse qui servira de chair à canon aux impérialistes. Beaucoup de femmes et de jeunes filles passant par Berlin-Ouest y trouvent le chemin de l'iniquité. Pour beaucoup d'êtres humains, Berlin-Ouest est la première escale vers les bas-fonds ou vers la mort. [4]

Ces déclarations qui étonnent dans l'arrêt d'une cour supérieure, ne s'expliquent que d'une façon: elles paraissent dictées par l'article de loi qui stipule que: « le juge doit lutter sans réserve

---

[4] *Neue Justiz* 1961, p. 550.

pour le triomphe du socialisme dans la R.D.A. et défendre loyalement les droits des travailleurs et des paysans ». [5] Dans la R.D.A., le juge doit d'abord et avant tout respecter la légalité socialiste. Celle-ci « intime au juge le devoir de contribuer par les débats judiciaires, et par tous les jugements qu'il rendra, à renforcer le pouvoir des travailleurs et des paysans. [6] En d'autres termes, elle a pour tâche d'appuyer le Gouvernement sous la forme que lui a donnée le régime communiste.

Les zones interdites

La législation destinée à empêcher l'exode a été complétée par la création d'une zone interdite le long de la ligne de 1380 km qui sépare la R.D.A. de la République fédérale. Cette zone comprend une bande de contrôle large de 10 mètres, une bande barricadée de 500 mètres et une zone interdite de 5 km. La vie dans cette zone interdite est soumise à de nombreuses restrictions. [7] Les séjours y sont subordonnés à la délivrance d'un permis de police spécial. Pour aller dans la bande barricadée, il faut en outre une autorisation du poste de police de la frontière. Quand à la bande de contrôle qui a été déboisée et labourée, il est interdit d'y pénétrer. On ouvre le feu sans sommations sur les personnes qui s'y risquent.

Durant l'été de 1952, les autorités imposèrent l'évacuation forcée et massive de la zone interdite ce qui déclencha le départ de nombreux fugitifs. Après le 13 août 1961, les autorités de la R.D.A. reprirent les opérations d'évacuation forcée. Comme pouvaient le voir les observateurs placés sur le territoire de l'Allemagne occidentale, ces opérations se faisaient, la plupart du temps, sous la surveillance d'une garde militaire importante. De nombreux bâtiments de ferme furent démolis dans la zone frontière de Bavière-Thuringe. Le nombre toujours croissant de réfugiés venus des régions dont il s'agit et l'ampleur des moyens mis en œuvre — unités de la police populaire et groupes armés des milices d'usine — suffisaient à démontrer qu'il ne s'agissait en aucune façon de l'abandon volontaire de la « zone dangereuse de la frontière de l'Etat » — version officielle de la R.D.A.

---

[5] Art. 15 de la loi sur l'organisation de la justice de 1959.

[6] *Gericht und Rechtsprechung in der D.D.R.* (publication du Ministère de la justice de la R.D.A.).

[7] De nouveaux règlements ont paru dans une ordonnance de la R.D.A. en date du 18 juin 1954.

Une 3ᵉᵐᵉ zone interdite fut également établie sur une ligne longue de 110 km entre Berlin-Ouest et le territoire de la R.D.A.

La constitution qui porte la date du 3 août garantit la liberté de mouvement sur le territoire de la R.D.A. (article 8) et aussi la liberté d'émigration (article 10) qu'elle appelle avec raison « l'une des libertés vraiment essentielles ». Ces deux libertés sont proclamées d'autre part à l'article 13 de la Déclaration universelle des droits de l'homme adoptée par l'Assemblée générale des Nations Unies. Il existe cependant dans la Constitution de la R.D.A. des dispositions qui autorisent la dérogation par mesure législative au droit de choisir librement sa résidence sur le territoire de l'Etat et au droit d'émigrer. Or, c'est un principe incontesté qu'un droit reconnu par la constitution ne peut souffrir de restriction importante par le moyen de dispositions législatives. C'est ainsi que la loi fondamentale de la République fédérale contient une disposition expresse à cet effet à l'alinéa 2 de son article 19. En vertu de l'article 29 de la Déclaration universelle des Droits de l'homme, dans l'exercice de ses droits et dans la jouissance de ses libertés, chacun n'est soumis

> qu'aux limitations établies par la loi exclusivement en vue d'assurer la reconnaissance et le respect des droits et libertés d'autrui et afin de satisfaire aux justes exigences de la morale, de l'ordre public et du bien-être général dans une société démocratique.

Etant donné les dispositions législatives dont nous venons de parler, ainsi que les pratiques judiciaires et administratives qui s'en réclament, le Gouvernement de la R.D.A. a agi au mépris caractérisé des droits essentiels garantis par la Constitution du pays.

La porte ouverte

Jusqu'au 13 août 1961 la situation existant à la ligne de démarcation séparant Berlin-Ouest de Berlin-Est était différente. En vertu des accords des quatre puissances relatifs au Grand-Berlin la liberté de mouvement était effective. Nous examinerons ci-après les dispositions prises pour assurer cette liberté. Pour apprécier exactement la valeur juridique des opérations qui ont conduit à isoler Berlin-Est de Berlin-Ouest à partir du 13 août 1961, nous devrons au préalable donner quelques précisions sur le statut que les puissances occupantes avaient fixé pour le Grand-Berlin.

III. — L'ÉVOLUTION CONSTITUTIONNELLE DU GRAND BERLIN

Les accords interalliés concernant l'Allemagne et le Grand Berlin

Aux fins de l'occupation l'Allemagne, à l'intérieur de ses frontières au 31 décembre 1937, a été divisée en quatre zones d'occupation, chacune d'elles étant attribuée à l'une des puissances occupantes, et en un territoire séparé, le Grand Berlin, qui devait être administré conjointement par les puissances d'occupation.

Les instruments diplomatiques suivants fixaient, pour l'essentiel, le statut juridique du Grand Berlin:

i) Protocole du 12 septembre 1944 entre les gouvernements des Etats-Unis d'Amérique, du Royaume-Uni et de l'Union des Républiques socialistes soviétiques relatif aux zones d'occupation en Allemagne et à l'administration du Grand Berlin.

ii) Accord du 14 novembre entre les Etats-Unis d'Amérique, le Royaume-Uni et l'Union des Républiques socialistes soviétiques sur les organismes de contrôle en Allemagne.

iii) Accord du 1er mai 1945 entre les gouvernements des Etats-Unis d'Amérique, du Royaume-Uni, de l'Union des Républiques socialistes soviétiques et le gouvernement provisoire de la République française concernant les amendements à l'Accord du 14 novembre 1944 sur les organismes de contrôle en Allemagne, aux termes duquel une quatrième zone d'occupation en Allemagne et un quatrième secteur dans le Grand Berlin étaient créés pour être administrés par le gouvernement provisoire de la République française.

iv) Déclaration du 5 juin 1945 des gouvernements des Etats-Unis d'Amérique, du Royaume-Uni, de l'Union des Républiques socialistes soviétiques et du gouvernement provisoire de la République française concernant les zones d'occupation en Allemagne.

v) Déclaration du 5 juin 1945 des gouvernements des Etats-Unis d'Amérique, du Royaume-Uni, de l'Union des Républiques socialistes soviétiques et du gouvernement provisoire de la République française concernant les organismes de contrôle en Allemagne.

vi) Accord du 26 juillet 1945 entre les gouvernements des Etats-Unis d'Amérique, du Royaume-Uni, de l'Union des Républiques socialistes soviétiques et le gouvernement provisoire de la République française portant amendements au Protocole du 12 septembre 1944 sur les zones d'occupation en Allemagne et l'administration du Grand Berlin.

Dans chaque zone les troupes d'occupation relevaient d'un commandant en chef (commandant de zone) nommé par la Puissance responsable.

Le Grand Berlin était divisé en quatre secteurs. Un élément fondamental de cette situation est que la zone du Grand Berlin était administrée conjointement par les quatre Puissances. A cette fin était créée une autorité de contrôle interalliée, la Kommandatura, composée de quatre commandants nommés par les Commandants de zone respectifs. Les quatre commandants étaient aidés d'un état-major technique dont la tâche était de contrôler et de surveiller les activités des autorités allemandes locales. L'autorité supérieure à la Kommandatura du Grand Berlin était le Conseil de contrôle interallié, composé des Commandants de zone. En Allemagne, ce Conseil exerçait le pouvoir suprême. Chaque membre était le maître dans sa propre zone d'occupation, et le Conseil prenait des décisions communes pour les questions intéressant l'ensemble de l'Allemagne. Aux termes de l'article 8 de la déclaration du 5 juin 1945 concernant les organismes de contrôle en Allemagne, le système administratif décrit ci-dessus devait fonctionner « pendant la période d'occupation qui suivra la capitulation de l'Allemagne, au cours de laquelle l'Allemagne exécutera les exigences fondamentales de la capitulation sans conditions ». Les mesures nécessaires pour la période ultérieure devaient faire l'objet d'un accord séparé.

Le rapport du 2 août 1945 sur la Conférence tripartite de Potsdam contenait des « Principes politiques et économiques devant présider au traitement de l'Allemagne dans la période initiale de contrôle ». Les principes politiques ci-dessous méritent particulièrement d'être soulignés :

2. Dans la mesure des possibilités pratiques, il y aura uniformité de traitement de la population allemande dans toute l'Allemagne.

. . . .

4. Toutes les lois nazies qui constituaient la base du régime hitlérien ou qui établissaient des discriminations en se fondant sur des motifs de race, de croyance ou d'opinion politique seront abolies. Aucune discrimination de cet ordre, qu'elle soit juridique, administrative ou autre, ne sera tolérée.

. . . .

8. Le système judiciaire sera réorganisé conformément aux principes de la démocratie, de la légalité et de l'égalité des droits pour tous les citoyens, sans distinction de race, de nationalité et de religion.

9. L'administration des affaires intérieures allemandes devra être orientée vers la décentralisation de la structure politique et le développement de la responsabilité locale. A cette fin...

. . . .

ii) Tous les partis politiques démocratiques seront autorisés et encouragés dans toute l'Allemagne et auront le droit de se réunir et de discuter en public.

. . . .

iv) Pour l'instant, aucun gouvernement central allemand ne sera établi. Cependant, certains ministères essentiels ayant à leur tête des secrétaires d'Etat seront institués, en particulier en ce qui concerne les finances, les transports, les communications, le commerce extérieur et l'industrie. Ces ministères agiront d'après les directives du Conseil de contrôle.

10. Sous réserve de la nécessité de maintenir la sécurité militaire, la liberté de parole, de presse et de religion sera assurée et les institutions religieuses seront respectées. Sous réserve également du maintien de la sécurité militaire, la formation de syndicats libres sera permise.

L'administration unifiée du Grand Berlin (1945-1948)

La Kommandatura de la région du Grand Berlin fut constituée le 7 juillet 1945 et se réunit pour la première fois le 11 juillet 1945. Le 13 août 1946 elle promulgua une « constitution provisoire du Grand Berlin », dont les principes directeurs avaient été discutés avec les partis politiques autorisés. Dans une lettre datée du même jour, la Kommandatura souligna que la constitution plaçait toute l'autorité entre les mains de représentants élus par le peuple, les délégués municipaux. [8] Cette Assemblée municipale fut élue le 20 octobre 1946. La participation des électeurs fut de 92,3 %, et les 2.085.338 bulletins valides se répartissaient ainsi :

S.P.D.	(parti social démocrate)	1.015.609 =	48,7 %
C.D.U.	(union démocratique chrétienne)	462.425 =	22,2 %
S.E.D.	(parti de l'unité socialiste, c'est-à-dire communiste)	412.582 =	19,8 %
L.D.P.	(parti libéral-démocrate) . . .	194.722 =	9,3 %

---

[8] Dans sa minutieuse monographie consacrée à la *Situation juridique, politique et économique du secteur soviétique de Berlin*, publiée par le Kulturbuch-Verlag à Berlin-Ouest en 1954, Walter Brunn écrit (page 2): « L'Assemblée municipale disposait de pouvoirs législatifs généraux, mais l'article 13 stipulait que les décisions de l'organe représentatif en matière de promulgation de décrets (article 5, par. II) n'étaient valables dans la juridiction que si ces décisions étaient prises par l'Assemblée municipale de concert avec le Conseil municipal, en tant qu'organe administratif et exécutif suprême. Dans les questions relatives aux décrets, pour ce qui est surtout des règlements d'application, le Conseil municipal fonctionnait donc conjointement avec l'Assemblée, et jouait le rôle d'une deuxième chambre législative. La Constitution provisoire prévoyait en outre que les représentants, élus en tant qu'Assemblée constituante, devraient entreprendre la rédaction d'une Constitution définitive et très complète pour la ville de Berlin. Conformément à l'Article 35 de la Constitution provisoire, ce projet de Constitution devait être soumis le 1er mai 1948, à l'approbation des Puissances alliées. »

Bien avant les élections les communistes, dans toute l'Allemagne, réclamaient déjà la fusion du parti social démocrate et du parti communiste. Le parti social démocrate avait prévu de soumettre cette question à ses membres, et un vote devait avoir lieu le 31 mars 1946. A Berlin-Est le commandant soviétique empêcha que ce vote eût lieu, mais à Berlin-Ouest une majorité écrasante se prononça contre cette fusion. Malgré ce résultat, le 21 avril 1946 naquit le S.E.D., qui était un amalgame du parti social démocrate et du parti communiste. En même temps les membres du parti social-démocrate vivant dans la zone soviétique et dans Berlin-Est furent absorbés dans le S.E.D. sans avoir été consultés.

Le 24 juin 1947, l'Assemblée municipale élut Ernst Reuter maire du Grand Berlin. Le représentant soviétique à la Kommandatura alliée opposa son veto à cette élection. Si on le replace dans la suite des événements, ce veto représente le premier pas vers l'éclatement du Grand Berlin.

La fin de la Kommandatura

En septembre 1948, une manifestation organisée par les communistes et devant laquelle la police du secteur soviétique resta passive prouva que l'Assemblée municipale, qui siégeait alors à Berlin-Est, ne pouvait plus poursuivre ses travaux dans le calme. L'Assemblée fut donc obligée de transférer son siège du secteur soviétique dans Berlin-Ouest. Les événements qui suivirent sont rapportés dans les termes suivants par Walter Brunn :

> L'intervention unilatérale soviétique dans le gouvernement de Berlin, non approuvée par les alliés occidentaux, s'étendit progressivement à tous les départements du Conseil municipal et le résultat finalement fut que l'administration du Grand Berlin se scinda en deux. Ce processus se termina par la proclamation publiée à une réunion du Conseil municipal du Secteur soviétique de Berlin tenue le 30 novembre 1948 dans l'*Admiralpalast*. Ce jour-là selon les rapports parus dans la presse de la zone soviétique, 236 « membres des partis formant le Bloc démocratique », 229 « délégués des organisations de masse démocratique » et 1151 « délégués des usines de Berlin » se réunirent en « Assemblée municipale extraordinaire ». Sur proposition du « Bloc démocratique » l'ancien Conseil municipal du Grand Berlin fut déclaré dissous et un nouveau Conseil municipal fut « élu », la présidence étant confiée à Fritz Ebert, ancien président de l'Assemblée provinciale du Brandebourg.
>
> Le commandant soviétique de Berlin déclara le 2 décembre 1948 (VOBL 1948, page 435) [9] : « Le Conseil municipal provisoire du Grand Berlin, élu par l'Assemblée extraordinaire du 30 novembre 1948 est reconnu comme

---

[9] VOBL est l'abbréviation de *Verordnungsblatt*; c'est le journal officiel où le gouvernement de la RDA publie ses ordonnances.

le seul organe administratif légitime de l'Etat ». En même temps le commandant soviétique annonçait qu'il donnerait au Conseil municipal provisoire toute l'aide et tout le soutien dont il aurait besoin pour exercer ses fonctions dans l'intérêt de la population. [10]

La coopération entre l'Union soviétique et les alliés occidentaux à la Kommandatura avait déjà été interrompue le 1er juillet 1948. A partir de cette date la Kommandatura alliée cessa ses activités jusqu'au 21 décembre 1948 où les commandants des secteurs occidentaux de Berlin publièrent un communiqué commun ainsi conçu :

> La constitution provisoire de Berlin, approuvée par les quatre Alliés en 1946, exige que ceux-ci donnent leur approbation aux dispositions d'ordre législatif et à certaines autres décisions prises par le *Magistrat* (Conseil municipal) et l'Assemblée des délégués municipaux (Assemblée municipale). Le refus des Autorités soviétiques de prendre part aux réunions de la Kommandatura interalliée ne saurait entraver plus lontemps le fonctionnement normal et légal des institutions de Berlin.
> En conséquence, la Kommandatura interalliée reprendra dès à présent ses travaux. Au cas où les Autorités soviétiques se décideraient, soit actuellement, soit ultérieurement, à appliquer les accords conclus par les quatre puissances, l'Administration quadripartite de Berlin pourrait être rétablie. Tant que durera leur abstention les trois Alliés occidentaux exerceront les pouvoirs de la Kommandatura interalliée, quoiqu'il soit évident que, du fait de l'obstruction soviétique, il ne leur sera possible actuellement d'assurer l'exécution de leurs décisions que dans les secteurs occidentaux.

Adoption de constitutions distinctes pour Berlin-Ouest et Berlin-Est

Les événements qui viennent d'être retracés (scission de Berlin, suspension provisoire des activités de la Kommandatura interalliée) empêchèrent l'approbation par la Kommandatura de la constitution définitive de Berlin-Ouest, qui avait été adoptée en troisième lecture le 22 avril 1948 par l'Assemblée municipale élue librement en 1946. Ce n'est qu'en 1950 que des négociations furent entreprises à cet effet avec la Kommandatura réduite comme nous venons de le voir. La constitution, approuvée le 1er septembre 1950, entra en vigueur un mois plus tard, le 1er octobre, mais en raison de la scission qui s'était produite, elle ne put s'appliquer qu'aux secteurs occidentaux de Berlin. Dans le secteur soviétique la promulgation, le 8 juin 1950, de la « loi principale relative à l'administration du Grand Berlin », servit de base juridique au fonctionnement du Conseil municipal élu illégalement le 30 novem-

---

[10] Walter Brunn, op.cit. pages 3 et 4.

bre 1948. Aux termes de cette loi le Conseil municipal, organe exécutif, était habilité à légiférer, pouvoir qu'il avait exercé depuis sa création sans y être aucunement autorisé par la loi. La raison en est qu'à leur réunion du 30 novembre 1948 les représentants des diverses « organisations de masse démocratiques » et les « délégués des usines de Berlin » formant le « Bloc démocratique » n'élurent pas d'Assemblée municipale législative. Cette étape de l'évolution constitutionnelle distincte du secteur soviétique de Berlin, née de la division de la ville, se termina par la promulgation de l'« ordonnance relative à la démocratisation de la structure et des procédures des .... organes du Grand Berlin » en date du 19 janvier 1953, et du « décret provisoire fixant la structure et les procédures des ... organes du Grand Berlin », en date du 23 janvier 1953 qui est établi sur les bases de l'ordonnance. Les règlements promulgués en application de ces deux instruments furent appelés « décrets provisoires », puisque les règlements définitifs ne devaient être promulgués qu'après la réunification de Berlin. Ces règlements alignaient la structure administrative du secteur soviétique de Berlin sur les principes appliqués en R.D.A. depuis la réforme administrative intervenue en juin 1952. Le préambule de l'ordonnance du 19 janvier 1953 indique nettement que tel est le but poursuivi:

> La construction des assises du socialisme dans le Grand Berlin, à l'exemple de la République démocratique allemande, postule que soit développée la démocratisation des organes de l'autorité de l'Etat dans la capitale et qu'en même temps soient améliorées leur structure et leurs procédures.

A la suite de la division de Berlin, l'adoption de nouvelles lois provoqua un alignement de fait de Berlin-Est sur la R.D.A., et Berlin-Est devint bien la capitale de la R.D.A. Néanmoins, en raison des accords conclus entre les quatre puissances, Berlin-Est ne fut pas officiellement incorporé à la R.D.A. Cela était incompatible avec les accords. Cependant toutes les lois importantes de la R.D.A. furent étendues à Berlin-Est; ceci fut ordinairement l'œuvre du Conseil municipal de Berlin-Est, qui décida en vertu de ses pouvoirs législatifs, d'appliquer au secteur soviétique les instruments législatifs de la R.D.A. D'autre part ce que l'on appelle la troisième loi transitoire, adoptée par le Bundestag allemand le 4 janvier 1952, a assimilé Berlin-Ouest aux Etats fédéraux de la République fédérale d'Allemagne en matière de droit, de finances et d'économie. A l'exception des lois relatives à la défense, la législation fédérale est soumise par une procédure sommaire à l'adoption de l'Assemblée législative de Berlin en vue de son application à Berlin-Ouest. La Kommandatura interalliée a néanmoins gardé son droit de veto.

Liberté de déplacement dans le Grand Berlin

La scission du Grand Berlin dont nous venons de retracer les étapes, n'a eu aucun effet sur la libre circulation des individus entre le secteur soviétique et les secteurs occidentaux de la ville, à condition que ces déplacements ne fussent pas entrepris en vue d'un long séjour ou d'un transfert de résidence. Dans ces limites donc, la liberté de déplacement existait et le Grand Berlin était resté une région unifiée, conformément aux accords déjà cités des quatre puissances qui n'ont jamais été dénoncés. Les habitants de Berlin-Est pouvaient travailler dans les secteurs occidentaux et ceux de Berlin-Ouest dans le secteur oriental; ces travailleurs étaient appelés « travailleurs frontaliers »; rien ne s'opposait à ce que les habitants de Berlin-Est vinssent en grand nombre dans Berlin-Ouest pour aller au théâtre, au concert, à des conférences, au cinéma, ou pour y faire des achats, etc. Les habitants de Berlin-Ouest pouvaient rencontrer sur toute l'étendue du Grand Berlin des membres de leur famille, leurs parents, amis et connaissances résidant à Berlin-Est. Le réseau si dense des relations humaines n'avait pas été touché sur toute l'étendue du Grand Berlin.

Aux termes des lois de la R.D.A. et de Berlin-Est, la situation était la suivante:

Pour les habitants de Berlin-Ouest, jusqu'au 13 août 1961 rien ne s'opposa en droit ou en fait à ce qu'ils se rendissent à Berlin-Est pourvu que la visite fût seulement temporaire. [11] Pour un séjour plus prolongé il leur fallait un permis de séjour de visiteur. Aujourd'hui l'accès à Berlin-Est est totalement interdit sans permis de séjour de visiteur. [12]

Pour les habitants de Berlin-Est et la R.D.A., jusqu'au 13 août 1961 ils pouvaient se rendre à Berlin-Ouest sans aucune restriction s'il s'agissait d'une visite temporaire. Dans le cas d'un long séjour ou d'un transfert de résidence de Berlin-Est à Berlin-Ouest, la réglementation de la R.D.A. relative à l'émigration en République fédérale s'appliquait, à savoir, l'ordonnance du 29 octobre 1953 concernant la délivrance de cartes d'identité. Les dispositions de

---

[11] A partir du 28 septembre 1960, les citoyens de la République fédérale désireux de se rendre à Berlin-Est devaient être munis d'un laissez-passer.

[12] Instruction du Ministère de l'intérieur de la R.D.A., en date du 22 août 1961.

cette ordonnance étaient applicables aux habitants de Berlin-Est en vertu d'une ordonnance du Conseil municipal en date du 11 novembre 1953. L'application de la loi de 1957 portant amendement à la loi sur les passeports [13], qui fixe les peines dont sont passibles ceux qui s'enfuient de la République, a été également étendue à Berlin-Est. Les décrets réglementant les déplacements des personnes à l'intérieur du Grand Berlin étaient tels qu'en pratique la police populaire du secteur soviétique devait se limiter à des sondages puisque chacun avait toute liberté de passage pour de courts séjours. Malgré tout il est arrivé que des personnes soient arrêtées à la limite du secteur parce que l'aspect de leurs bagages ou leur nervosité les trahissaient ou parce qu'elles avaient été dénoncées par des indicateurs de la police populaire. Néanmoins, en raison de l'intense circulation dans les deux sens à la frontière une personne résolue, pouvait assez facilement échapper au contrôle de la police populaire.

Il était donc inévitable que Berlin devînt la « porte de la liberté » une fois que la zone frontière entre la R.D.A. et la République fédérale eut été déclarée zone interdite. En juillet 1961 plus de 30.000 personnes empruntèrent cette porte pour fuir à l'Ouest. Au début d'août, le nombre des Allemands de l'Est qui s'enfuyaient s'éleva régulièrement chaque jour; le 2 août 1961, il était de 1.322; il passa à 3.268 vers la fin de semaine (6-7 août) pour atteindre 1.741 le 8 août et 1.926 le 9. Rien mieux que ces chiffres ne saurait faire éclater aux yeux du monde le contraste entre la vie à Berlin-Est et l'espoir de liberté qu'offrait l'Ouest, sans qu'une vie prospère y fût pour autant assurée.

---

[13] Voir ci-dessus.

IV. — L'ISOLEMENT DE BERLIN-EST

Le Conseil des ministres de la République démocratique allemande est autorisé à isoler complètement le territoire de Berlin-Est

Le Comité politique consultatif des Etats membres du Pacte de Varsovie, dans une résolution, a fourni au Conseil des ministres de la République démocratique allemande le prétexte qu'il lui fallait justifier les mesures qu'il allait prendre afin d'isoler le secteur soviétique de Berlin et de renforcer sa mainmise sur les relations entre la R.D.A. et l'Ouest. Cette résolution est sans date, mais elle a été publiée le 13 août 1961 dans le principal organe du S.E.D., le quotidien *Neues Deutschland*. Nous en avons extrait les dispositions ci-après :

> Les gouvernements des Etats membres du Pacte de Varsovie proposent à la Chambre populaire et au gouvernement de le R.D.A. et à tous les travailleurs de la R.D.A. de prendre des mesures pour appliquer à la limite de Berlin-Ouest un système qui parera efficacement aux menées subversives contre les pays du camp socialiste et pour instituer un contrôle et une surveillance sûrs et efficaces tout autour de la zone de Berlin-Ouest, y compris ses frontières avec la zone démocratique de Berlin... Il n'a naturellement pas échappé aux gouvernements des Etats membres du Pacte de Varsovie que l'*application de mesures de protection à la limite de Berlin-Ouest causera certains inconvénients à la population,* mais étant donné les circonstances actuelles, toute la faute en incombe aux puissances occidentales, et en particulier au gouvernement de la République fédérale d'Allemagne...

A la suite de cette résolution la Chambre populaire, qui est le parlement de la R.D.A., invita le 11 août 1961 le Conseil des ministres de la R.D.A. « à prendre toutes les mesures qu'appellent les faits relevés par les Etats membres du Pacte de Varsovie et la présente décision » (de la Chambre populaire). En même temps la Chambre populaire confirmait « les mesures prises par le Conseil des ministres, par le Conseil municipal du Grand Berlin et par les Conseils de district de Potsdam et de Francfort-sur-l'Oder pour assurer la sécurité de la R.D.A. et empêcher la chasse à l'homme et la traite des esclaves auxquelles se livrent l'Allemagne occidentale et Berlin-Ouest »

Se référant aux résolutions des Etats Membres du Pacte de Varsovie et de la Chambre populaire, le Conseil des Ministres de la R.D.A. décréta le 12 août 1961

> ... les mesures suivantes pour la protection de la R.D.A. et dans l'intérêt de la sécurité des Etats du camp socialiste :
>
> Afin d'empêcher les activités hostiles des forces militaristes et revanchardes de l'Allemagne occidentale et de Berlin-Ouest, un système de contrôle semblable à celui qui existe aux frontières de n'importe quel Etat souverain sera appliqué aux frontières de la R.D.A., notamment à la frontière avec les secteurs occidentaux du Grand Berlin. Un système de contrôle et de surveillance sûr et efficace sera appliqué aux frontières de Berlin-Ouest en vue de parer à toutes menées subversives. *Les citoyens de la R.D.A. ne pourront franchir ces frontières que s'ils sont en possession d'une autorisation spéciale. Tant que Berlin-Ouest ne sera pas devenu une cité libre, neutre et démilitarisée, les citoyens de la capitale de la R.D.A. devront être en possession d'une autorisation spéciale pour franchir la frontière et se rendre à Berlin-Ouest*... Le ministre de l'intérieur, le ministre des transports et le maire du Grand Berlin prépareront les arrêtés nécessaires. La présente décision, qui fixe les mesures propres à sauvegarder la paix, à protéger la R.D.A. et en particulier sa capitale, Berlin, et à garantir la sécurité des autres Etats socialistes, restera en vigueur *jusqu'à la conclusion d'un traité de paix avec l'Allemagne.*

Interdiction de voyager

Conformément à la décision du Conseil des ministres en date du 12 août 1961 citée ci-dessus, le Ministre de l'intérieur a pris le même jour un arrêté disposant ce qui suit :

> 2. Les citoyens de la République démocratique allemande, y compris les citoyens de la capitale de la République démocratique allemande (de la zone démocratique de Berlin) devront, pour se rendre à Berlin-Ouest, être munis d'une autorisation délivrée par le commissariat de la police populaire de leur district ou par l'inspection locale de la police populaire.
> . . . .
> 6. Les citoyens de la République populaire allemande qui ne travaillent pas à Berlin sont invités à s'abstenir dorénavant de se rendre à Berlin. »

En fait, le parti et la presse font pression sur les citoyens de la R.D.A. et de Berlin-Est pour les dissuader de se rendre à l'Ouest. On invite les citoyens à prendre solennellement l'engagement de ne pas demander d'autorisation de voyager ou de ne pas quitter le pays. Les journaux de la R.D.A. et de Berlin-Est ont publié de très nombreuses déclarations de ce genre. Par exemple les habitants du n° 23 Wilhelm Pieck Allee, à Magdebourg, ont déclaré :

« Nous avons discuté de la question et nous déclarons aujourd'hui que nous ne nous rendrons pas dans la République fédérale tant qu'un traité de paix n'aura pas été signé ». [14]

Quiconque présente une demande d'autorisation pour voyager ou se rendre en République fédérale ou à Berlin-Ouest doit s'attendre que sa demande soit rejetée. Le *Neues Deutschland* a publié une lettre ouverte adressée à une citoyenne de la R.D.A. et intitulée *Tante Frieda et la paix, ou les citoyens de la R.D.A. et les voyages vers l'Ouest*. Voici un passage de cette lettre :

> De même que l'on empêche les passants de s'aventurer dans un marais perfide en plaçant un écriteau et une barrière, nous avons maintenant protégé nos frontières et nous ne délivrerons de permis de voyage en Allemagne occidentale que dans les cas particulièrement justifiés. [15]

La nouvelle réglementation, qui revient à supprimer totalement la liberté de mouvement autorisée jusque-là à l'intérieur du Grand Berlin, considère comme fuite de la République tout franchissement non autorisé, en direction de Berlin-Ouest, de la frontière qui divise le Grand Berlin. Aux termes de l'article 1 de la loi de 1957 portant amendement à la loi sur les passeports, le coupable est passible d'une peine de prison pouvant aller jusqu'à trois ans, et la préparation et la tentative de franchissement sont également passibles de poursuites.

Les travailleurs frontaliers

La fermeture de la frontière a eu des répercussions particulièrement dures pour les travailleurs frontaliers, c'est-à-dire les 52.000 habitants de Berlin-Est qui travaillaient dans les secteurs occidentaux de Berlin. Le texte du communiqué publié à ce sujet par Berlin-Est figure à l'annexe A.

La question des travailleurs frontaliers avait toujours été comme une épine dans la chair des autorités du secteur soviétique. Une campagne fut lancée en 1955 contre les travailleurs frontaliers. Le ton de cette campagne monta systématiquement au début de l'été 1961. Dans la presse de la R.D.A., ces personnes étaient traitées de trafiquants du marché noir, tire-au-flanc, parasites etc. Les journaux déclaraient que, profitant de la division du pays, ils avaient perdu tout droit à bénéficier de l'édification du socia-

---

[14] *Volksstimme*, Magdebourg, R.D.A., 12 août 1961.
[15] *Neues Deutschland* (Berlin-Est), 31 août 1961.

lisme. L'ordonnance du 30 juin 1961 de Berlin-Est, complétant l'ordonnance du 27 novembre 1952 contre la spéculation sur les denrées alimentaires et les produits industriels, leur interdit d'obtenir des logements dans les immeubles neufs et d'acheter certains produits industriels. On assista à une multiplication des inculpations pour « importation illégale de devises » et violations de l'ordonnance du 14 janvier 1953 de Berlin-Est relative à l'enregistrement statistique de l'emploi. Cette ordonnance imposait aux habitants de Berlin-Est qui avaient pris un emploi à Berlin-Ouest après le 26 janvier 1953 d'en demander l'autorisation à l'Office de placement de Berlin-Est, qui la refusait invariablement. Le 4 août 1961, le Conseil municipal de Berlin-Est ordonne l'immatriculation de tous les citoyens de la R.D.A. et de Berlin-Est travaillant à Berlin-Ouest. Quelques jours plus tard, le 9 août, le Conseil municipal promulgue une ordonnance imposant à tous les travailleurs frontaliers résidant à Berlin-Est de payer leurs loyers, leurs impôts et leurs taxes municipales en marks de l'ouest. Cette ordonnance entraînait une lourde perte financière pour ces travailleurs qui, à Berlin-Ouest pouvaient échanger leurs marks ouest au taux de 1 pour 5 marks est, alors que le taux officiel est à la parité. Le but de cette ordonnance était de forcer les travailleurs frontaliers à abandonner leur travail dans Berlin-Ouest.

Le Mur

La législation visant à supprimer la liberté de mouvement à l'intérieur du Grand Berlin, avec ses menaces de sanctions en cas de fuite hors de la R.D.A. ou de prosélytisme à cette fin, a été complétée par des mesures dont le retentissement a été immense dans le monde, et qui ont permis d'isoler complètement le secteur soviétique de Berlin. A partir du 13 août 1961 a commencé la construction d'un mur longeant les 42 kilomètres de frontière entre Berlin-Est et Berlin-Ouest. Sa hauteur varie entre 2 et 4 mètres. En outre, des barrières ont été dressées au moyen d'arbres déracinés et de réseaux de barbelés, des clôtures de fil de fer ont été tendues, les chaussées labourées, des fossés creusés, etc. Les rails de la voie ferrée aérienne reliant Berlin-Est à Berlin-Ouest ont été arrachés et tordus aux gares frontières situées dans le secteur soviétique. Lorsque la limite du secteur passait le long de maisons dans le secteur soviétique, les portes et les fenêtres donnant sur la frontière ont été barricadées ou murées afin que nul ne puisse s'en servir pour s'échapper. Pour la même raison l'entrée de l'Eglise de l'Expiation située dans la Bernauerstrasse et qui donnait sur la frontière a également été murée. C'était une des églises où se rendaient régulièrement des habitants des deux parties de Berlin. Des milliers de travailleurs de Berlin-Est, y compris des femmes et des enfants, reçurent l'ordre, afin de faciliter la surveillance de la frontière, de raser les lotissements et autres terrains cultivés proches de la frontière, et de démolir les pavillons et les baraques qui s'y trouvaient.

De nombreux habitants de maisons jouxtant la frontière furent expulsés par la force; en premier lieu les travailleurs frontaliers et leurs familles; deuxièmement les citoyens qui n'avaient pas voté aux élections, et enfin les personnes notées comme « peu sûres » par la police populaire. En général les membres du S.E.D. ont échappé à cette mesure.

Les autorités de Berlin-Est ont fait valoir que ces expulsions étaient faites dans l'intérêt et pour la protection de la population vivant près de la frontière du secteur et que parmi les personnes qui en avaient fait l'objet, nombreux étaient ceux qui en avaient exprimé la demande. La déclaration d'un habitant de Berlin-Est qui réussit à s'échapper peu avant d'être expulsé donne une version plus exacte des faits, surtout si l'on se rappelle qu'après l'expulsion les personnes furent pour la plupart logées dans des gymnases et des casernes :

> Quelques jours après que le secteur oriental eut été fermé le 13 août 1961, le chef local de la police populaire fit préparer un fichier de toutes les personnes habitant le quartier. Cela ne faisait présager rien de bon. L'après-midi du 20 septembre 1961 j'allai à la Harzerstrasse à Treptow, et je vis que les meubles des habitants étaient chargés sur des camions de déménagement et emportés, et ceci sans arrêt. Des femmes regardaient en pleurant. L'une d'entre elles me dit que des maisons avaient déjà été vidées de cette manière quelques jours auparavant. J'avais peur non seulement d'être expulsé de la maison, mais évacué dans la zone, car la police populaire nous avait déjà dit que les retraités pouvaient se faire de petits suppléments en aidant à ramasser des pommes de terre.

On ne connaît pas dans le détail les règlements (s'il en existe) que les autorités de Berlin-Est ont pu invoquer pour justifier les expulsions, la destruction des pavillons, le labourage des lotissements, etc. Le Ministère des affaires pan-allemandes de la République fédérale à Bonn possède le compte rendu d'un cas où l'ordre d'expulsion visait l'article 14 de la loi sur la police prussienne du 1er juin 1931, aux termes duquel les autorités de police sont tenues de prendre les mesures nécessaires suivant les lois en vigueur pour protéger la collectivité ou l'individu contre les dangers qui pourraient menacer la sécurité ou l'ordre public. On pourrait peut-être encore citer certaines dispositions de la nouvelle loi sur la défense, qui fournissent de nombreuses possibilités d'empiéter substantiellement sur les droits de l'individu, si ces dispositions devaient être appliquées à Berlin-Est. La loi sur la défense promulguée le 20 septembre 1961 en République démocratique allemande est une loi d'exception justifiée dans le préambule par les préparatifs militaires plus actifs auxquels se livreraient les « militaristes » de l'Allemagne de l'Ouest. Cette loi énumère les principales occasions où les organisations sociales, les coopératives, les associations et les simples particuliers peuvent être tenus de fournir des biens et des services. Mais ces occasions ne peuvent se présenter que lorsqu'un Etat d'exception a été proclamé par le président du Conseil de l'Etat, actuellement Walter Ulbricht. Il est vrai cependant que certaines dispositions de la loi sur la défense peuvent entrer en vigueur avant même que l'état d'urgence ait été proclamé. Ce sont notamment le paragraphe 2 de l'article 9 (préparation des approvisionnements et des services) et les paragraphes 1 et 2 de l'article 15 (accès à certaines zones), ainsi rédigés :

> 9 (2) Dans le cas de biens immobiliers, une ordonnance peut être prise pour interdire toute modification du terrain ou l'exécution de toutes modifications d'un certain caractère.
>
> 15 (1)   Si les chefs des services et des unités de l'Armée populaire nationale le demandent, l'accès à certaines zones peut, dans l'intérêt de la défense de la République, être interdit par les commissariats de la police populaire, soit de façon permanente soit pendant la durée d'exercices ou de transports, ou peut faire l'objet d'autorisations spéciales.
>
> Il peut être interdit de résider dans tout ou partie de ces zones.

Aux termes de l'article 19 de la loi sur la défense, nul ne peut s'adresser aux tribunaux pour obtenir une indemnisation ou le paiement de sommes dues pour services rendus.

Une ville divisée

Nous avons déjà indiqué combien le réseau des relations humaines est dense dans Berlin. Nous avons montré que la division constitutionnelle et administrative de Berlin, pas plus que l'existence de frontières entre les secteurs, n'avaient pu freiner les contacts humains. La population d'une ville forme une collectivité liée par tant d'intérêts communs qu'elle peut être comparée à une grande famille. Le 13 août 1961, la famille de Berlin a été disloquée avec une brutalité qu'il est impossible d'exagérer. Dans la population urbaine, certaines familles ont particulièrement souffert de la construction du mur. Ce n'est qu'après le 13 août que l'on a vraiment compris combien étaient nombreux les habitants de Berlin-Ouest qui avaient encore des parents dans le secteur est de Berlin ou dans la R.D.A. Les exemples cités ci-après illustrent la nature du problème :

> Le père, un vieillard, vit toujours « de l'autre côté », à Prenzlauer Berg ; sa famille lui rendait visite ou il venait passer la journée pour garder son petit-fils. Une tante de Dresde venait régulièrement pour acheter des souliers (ils sont de si mauvaise qualité et si chers là-bas) et se procurer tous les articles de ménage qu'on ne peut trouver dans l'économie planifiée ; elle reprenait espoir à respirer l'air libre de Berlin-Ouest avant de retourner dans la triste vie quotidienne du « premier Etat allemand des ouvriers et paysans » cher à Ulbricht. Des familles qui depuis des années vivaient en R.D.A. et en République fédérale se trouvaient réunies pendant quelques jours à Berlin ; les liens de famille restaient solides malgré la distance qui séparait leurs vies ...
> Certaines vies ont été plus durement frappées que d'autres par cette fermeture inattendue de la frontière. Citons par exemple un ébéniste qui avait encore une petite maison dans Berlin-Est mais vivait depuis des années dans Berlin-Ouest, où il avait un atelier florissant, avec plus de dix employés ; il s'y trouvait (dans Berlin-Est) la nuit du 12 au 13 août et n'est jamais revenu. Il y a aussi le cas d'élèves d'une école technique qui avaient déjà passé une partie de leurs examens à Berlin-Ouest et passaient cette nuit de malheur dans leur famille à Berlin-Est ; eux aussi doivent maintenant s'intégrer à l'économie planifiée de là-bas. Des fiancés séparés par le mur n'ont aucun moyen de se retrouver. Tous ceux qui, pour toutes sortes de raisons, n'ont pu obtenir de laissez-passer personnel valide pour Berlin-Ouest n'ont pas pu revenir. [16]

Voici un autre exemple de la manière dont l'acte du 13 août a totalement disloqué la vie organique d'une communauté humaine :

> Beaucoup de musiciens, acteurs, choristes, danseurs, ballerines, machinistes et artistes qui travaillaient dans le secteur Est, certains d'entre eux en exécution de contrats de longue durée, continuaient à habiter à Berlin-Ouest. En raison du nombre limité des théâtres et des orchestres dans le Berlin d'après guerre, ils éprouvaient beaucoup de difficultés à se faire engager dans l'Ouest. Ils étaient environ un millier à la fin du mois d'août. Le régime d'Allemagne de l'Est leur imposa le choix, le 15 septembre, soit de s'installer à Berlin-Est soit de perdre leur emploi. A la surprise des directeurs de théâtres, la plupart d'entre eux restèrent à Berlin-Ouest et durent quitter l'établissement auquel ils étaient attachés, souvent depuis de nombreuses années. Ils doivent maintenant chercher un autre travail à Berlin-Ouest ou dans la République fédérale d'Allemagne. [17]

Environ 150 savants qui travaillaient dans les Instituts, Ecoles supérieures et Académies de Berlin-Est, beaucoup d'entre eux sous

---

[16] *Neue Zürcher Zeitung* (Zurich), 28 octobre 1961.
[17] *Idem.*

des contrats de longue durée, habitent Berlin-Ouest. Un petit nombre seulement retourna à Berlin-Est après le 13 août. Un autre triste cas est celui des enfants qui chaque jour venaient de Berlin-Est dans des écoles de Berlin-Ouest, et qui maintenant ne peuvent plus franchir la frontière. Sur ces 1.575 enfants répartis entre toutes les classes de la première à la treizième année, seuls les 454 qui étaient pensionnaires dans des écoles de Berlin-Ouest ont pu suivre leurs cours après le 13 août. Pour les autres l'endoctrinement a commencé dans les écoles « socialistes » de Berlin-Est et de la R.D.A.

Mais le pire effet du Mur est de supprimer la possibilité de quitter les conditions de vie en R.D.A. pour celles de la République fédérale. Cette circonstance a un effet déprimant sur le moral de la population :

> Un grand nombre de citoyens de grande valeur continuaient à vivre dans le secteur Est ou en R.D.A. parce qu'ils savaient qu'ils pourraient se rendre à Berlin-Ouest par le métro ou le tramway avec tout ce qu'ils pourraient transporter lorsque l'existence sous le régime totalitaire deviendrait par trop intolérable. Cette possibilité de sortie a été murée. Il ne reste plus que la résignation ou le désespoir. [18]

L'Ordonnance sur l'interdiction de séjour [19]

Les lois, ordonnances et instructions promulguées depuis le 13 août 1961 par les autorités de la R.D.A. et de Berlin-Est n'ont pas pour unique fonction d'isoler matériellement et spirituellement la R.D.A. et Berlin-Est de l'Ouest. Ce ne sont pas de simples mesures défensives. Certaines de leurs dispositions sont qualifiées d'« étapes dans l'évolution du droit socialiste ». Selon le Ministre de la Justice Hilde Benjamin, c'est ainsi qu'il faut considérer l'ordonnance sur l'interdiction de séjour promulguée le 24 août 1961 par le Conseil des ministres de la R.D.A. Cette ordonnance consacre les atteintes suivantes à la liberté de l'individu :

a) restriction effective du choix de la résidence, c'est-à-dire interdiction à une personne de résider dans certains lieux ou certaines zones (qui est une forme d'expulsion) ;

b) assignation à résidence dans un lieu spécifié (qui est une forme d'interdiction de séjour) ;

---

[18] *Idem.*
[19] On trouvera le texte complet de l'ordonnance à l'Annexe C ci-dessous.

c) ordre de se livrer à un travail déterminé;

d) affectation à des travaux éducatifs des personnes réfractaires au travail.

Les mesures d'expulsion et de travail éducatif sont de la compétence des tribunaux, mais les autorités locales peuvent prononcer l'astreinte à un travail déterminé et l'interdiction de séjour. [20] Etant donné que, dans le système de la dictature du prolétariat, tous les organes de l'Etat sont assujettis au parti et obéissent à ses instructions, le fait de savoir quels sont les organes qui sont habilités à prononcer certaines mesures n'a aucune importance du point de vue de la théorie du droit.

L'expulsion peut être accessoire à une peine d'emprisonnement ou à une mesure d'épreuve, ou bien être prononcée comme peine principale. Dans ce dernier cas la mesure d'expulsion est prise « même s'il n'y a pas eu violation d'une loi pénale déterminée » si les organes locaux de l'Etat la demandent contre la personne condamnée dont le comportement « présente un danger pour la collectivité ou les individus, ou menace la sécurité et l'ordre public ». [21]

---

[20] Dans les premiers règlements administratifs publiés en application de l'ordonnance du 24 août 1961, sur la restriction du droit de résidence, le terme « autorité locale » désigne les Assemblées populaires et les Conseils des communes, circonscriptions et régions; les conseils de communes, de circonscriptions et de régions sont des autorités exécutives.

[21] L'expulsion était un châtiment accessoire dans le code pénal allemand de 1871, qui est encore en vigueur, bien qu'assorti d'amendements nombreux et variés, tant dans la République fédérale que dans la R.D.A. Il n'est guère fait usage de l'expulsion, ainsi que le montre l'Institut pour l'étude du droit d'Europe orientale à Munich dans une *Chronique de l'évolution du droit dans le bloc oriental* dont les auteurs ont comparé les dispositions pertinentes du code pénal allemand et le domaine de compétence de l'ordonnance relative à la restriction du droit de résidence : « L'article 38 du code pénal indique que la surveillance de la police est une mesure supplémentaire qui vient s'ajouter à la peine de prison. Le tribunal peut ordonner que cette surveillance soit appliquée pendant une période pouvant aller jusqu'à 5 ans, lorsque cela est spécifié dans les dispositions pertinentes du code pénal. L'article 39 stipule que les autorités de police peuvent interdire à un délinquant placé par le tribunal sous la surveillance de la police de résider dans certains lieux déterminés. Le tribunal peut ordonner que le délinquant soit placé sous la surveillance de la police : dans le cas d'infraction à la loi sur la défense nationale, lorsqu'il s'agit des mencurs dans une émeute, dans le cas d'une mutinerie de détenus, lorsque l'ordre public est troublé, lorsqu'il s'agit de chefs de bandes criminelles, de faux-monnayeurs, de proxénètes, de marchands de brochures obscènes, de voleurs ou d'escrocs, de cambrioleurs ou de maîtres-chanteurs, de receleurs, d'organisateurs de jeux de hasard, d'auteurs d'incendies, d'inondations volon-

Si le tribunal prononce une mesure d'expulsion l'autorité locale peut ordonner l'interdiction de séjour et en même temps imposer un travail déterminé à l'interdit de séjour. L'autorité locale peut demander au tribunal de district d'ordonner l'assignation à des travaux éducatifs des personnes réfractaires au travail. Il semble que les travaux éducatifs ne puissent être combinés avec une autre sanction pénale. Selon la terminologie acceptée, toute personne est considérée comme réfractaire au travail qui n'effectue pas de « travail socialement utile », en d'autres termes qui ne participe pas activement à l'édification du socialisme. Des travailleurs agricoles ont été poursuivis comme réfractaires au travail pour avoir dit qu'ils voulaient avoir leur soirée libre après la journée de travail de huit heures, repos qui leur avait été promis au début de la campagne entreprise en 1960 pour la socialisation de l'agriculture. Tels furent les motifs avancés pour condamner à des travaux éducatifs un membre d'une coopérative agricole du district de Potsdam. Selon des nouvelles parues dans la presse de la R.D.A. [22] cette peine est purgée dans des camps de travail forcé.

Selon le Ministre de la Justice Hilde Benjamin, le gouvernement de la R.D.A. a l'intention d'incorporer au nouveau code pénal actuellement en projet les dispositions de l'ordonnance relative à la restriction du droit de résidence. Le ministre voit dans la combinaison de la restriction du droit de résidence et du travail éducatif une « mesure éducative socialiste ».

De certains comptes rendus judiciaires parus dans le *Neues Deutschland* et d'autres journaux de la R.D.A., il ressort que les pouvoirs contenus dans l'ordonnance relative à la restriction du droit de résidence ont déjà été appliqués dans de nombreux cas. Un jeune homme de 25 ans habitant Berlin-Est a été poursuivi pour tentative de fuite de la République et diffamation de l'Etat;

---

taires, de dommages à des moyens de transport, à des installations de protection contre l'eau, et d'empoisonnement de puits.
La mise sous surveillance de la police ne peut donc être ordonnée que dans des cas spécifiés très clairement; elle est généralement assortie d'une peine de prison.
La mise en vigueur par la R.D.A. de nouveaux règlements limitant le droit de résidence montre sans ambiguïté que les pouvoirs publics considèrent comme insuffisantes les dispositions actuelles relatives à la surveillance par la police. On peut en conclure que la caractéristique fondamentale de la nouvelle ordonnance est que la restriction apportée au droit de résidence peut être ordonnée sans qu'il y ait crime ou délit; en d'autres termes on en revient à ce que pratiquait la G.P.U. de sinistre mémoire sous Staline. »

[22] *Neues Deutschland* (Berlin-Est), 8 septembre 1961.

il a été condamné par le tribunal du district central de Berlin-Est à un an de prison suivi d'astreinte à un travail éducatif pendant une période indéterminée. [23] Le 7 septembre 1961 le même tribunal a condamné un brasseur de 31 ans, Paul Pietruschinski, à des travaux éducatifs et à l'expulsion de Berlin-Est. Bien qu'il fût « en bonne santé et vigoureux » il n'aurait, selon l'accusation, « travaillé que de façon sporadique et dans la plupart des cas, il n'aurait pas travaillé plus de cinq mois par an ». [24] Le *Times* de Londres a signalé un cas jugé à Leipzig, qui s'est terminé par des peines d'interdiction de séjour et de travail éducatif frappant vingt hommes et femmes qui avaient critiqué le gouvernement. [25]

Nouvelles restrictions apportées à la liberté de parole

La constitution de la R.D.A. garantit la liberté de parole et de réunion. Aux termes de l'article 9:

> Tous les citoyens ont le droit, *dans les limites des lois universellement applicables* d'exprimer leur opinion librement et publiquement, et de tenir à cet effet des réunions pacifiques où nul ne peut être armé. Cette liberté n'est pas restreinte par l'appartenance à un service ou par un emploi, et aucune mesure discriminatoire ne peut être prise contre une personne exerçant ce droit.
> La presse n'est pas soumise à la censure.

En fait cette liberté n'existe pas quand il en est fait usage pour critiquer le régime ou sa politique. Quiconque critique le régime communiste est passible de poursuites pénales aux termes des articles 19 et 20 de la loi du 11 décembre 1957 portant amendement à la loi pénale. Ces articles sont ainsi rédigés:

19. **Propagande et action nuisibles envers l'Etat**
    1) Toute personne
        1. qui fait l'apologie du fascisme ou du militarisme ou propage leur doctrine ou diffame d'autres peuples ou races,
        2. qui suscite le mécontentement contre le pouvoir des ouvriers et paysans, contre leurs organes, contre les organisations sociales ou contre un citoyen en raison de son activité nationale ou sociale ou de sa qualité de membre d'une institution nationale ou d'une organisation de l'Etat, se livre à des voies de fait contre ces personnes ou les menace d'actes de violence,

---

[23] *Neue Zürcher Zeitung* (Zurich), 9 septembre 1961.
[24] *Neues Deutschland* (Berlin-Est), 8 septembre 1961.
[25] *The Times* (Londres), 8 septembre 1961.

est passible d'une peine de prison dont la durée ne peut être inférieure à trois mois. Les tentatives d'infractions sont également passibles de sanctions.

2) Quiconque distribue des écrits ou autres objets exprimant des idées analogues ou introduit ou distribue ces objets en vue de provoquer une agitation hostile sera également puni.

3) Dans les cas graves, et particulièrement lorsque l'infraction a été commise sur instructions des personnes ou groupes définis à l'article 14, [26] le délinquant sera puni d'une lourde peine de prison.

20. Calomnies envers l'Etat

Toute personne

1. qui calomnie ou déforme publiquement les décisions ou les activités d'institutions nationales ou d'organisations sociales,

2. qui calomnie publiquement un citoyen en raison de son activité nationale ou sociale ou de sa qualité de membre d'une institution de l'Etat ou d'une organisation sociale,

est passible d'une peine de prison ne dépassant pas deux ans.

L'article 20 signifie, en fait, que quiconque critique le gouvernement est passible d'une peine de prison.

Nous citerons ici deux condamnations prononcées en 1958 afin de donner une idée de la façon dont la justice pénale est administrée en application des dispositions exposées ci-dessus.

Le tribunal de la région de Gera, le 11 juin 1958, a condamné une ménagère, G. Sch., pour avoir attaqué la structure sociale de base de la R.D.A., et pour s'être ainsi livrée à une propagande hostile à l'Etat aux termes de l'article 19 (alinéa 2) de la loi de 1957 portant amendement à la loi pénale. Elle fut accusée en tout et pour tout des infractions suivantes:

> A l'occasion des décisions prises par notre Gouvernement pour supprimer les dernières mesures de rationnement et pour améliorer en conséquence le niveau de vie de la population laborieuse, la prévenue, alors qu'elle faisait des achats dans un magasin d'alimentation de B. le 28 mai 1958, s'est exprimée dans les termes les plus honteux à l'égard du pouvoir des des ouvriers et paysans et a tenté de provoquer une grève.

Les « termes les plus honteux » qu'elle utilisa furent simplement le récit d'un séjour de trois jours qu'elle avait fait à Berlin-Ouest, pendant lequel elle avait mangé tout son soûl d'abricots et de bananes. Elle avait déclaré qu'en R.D.A. il était impossible d'acheter à la fois plus de deux bananes qui, souvent, étaient

---

[26] Les « personnes ou groupes » définis à l'article 14 sont: d'autres états ou leurs représentants, des organisations ou groupes qui combattent le pouvoir des ouvriers ou paysans ou d'autres peuples pacifiques.

pourries. Elle fut également accusée d'être opposée à la politique de la R.D.A., puisque, assistant l'année précédente à un exercice de combat à B., elle s'était écriée : « Ils tirent pour la paix. » [27]

Le 20 août 1958 le tribunal de circonscription de Bad Langensalza a condamné un certain H.K. à dix mois de prison pour diffamation de l'Etat, parce qu'il avait raconté des histoires drôles de caractère politique dans un café.

Il n'est pas surprenant que les citoyens soient maintenant très sévèrement punis s'ils expriment leur mécontentement devant la politique d'isolement inaugurée le 13 août 1961. La presse officielle de la R.D.A. et de Berlin-Est a rapporté de nombreux cas de poursuites judiciaires de ce genre. Le tribunal de la circonscription de Kyritz a condamné un ouvrier nommé Gutschmann à 10 mois de prison. Le procureur a déclaré : « Gutschmann s'est révélé être un agent provocateur, a critiqué les mesures que nous avons prises le 13 août, et s'est fait le porte-parole des capitalistes de la République fédérale ». [28] Une condamnation à deux ans et demi de prison a été prononcée en septembre 1961 contre un ouvrier, R. qui avait critiqué les mesures d'isolement de Berlin-Est prises le 13 août 1961.

Intensification de la campagne contre la liberté de l'information

a) Les écrits

Il est généralement admis maintenant que la liberté d'expression que garantit la Constitution de la R.D.A. s'étend aussi à ce que l'on appelle la liberté d'information, c'est-à-dire la liberté, aux termes de l'article 19 de la Déclaration universelle des Droits de l'homme, « de chercher, de recevoir et de répandre ... les informations et les idées par quelque moyen d'expression que ce soit ». Depuis des années, la liberté de chercher et de recevoir les informations et les idées du monde non communiste est strictement limitée dans la R.D.A. et à Berlin-Est. Il est interdit de posséder des journaux et des périodiques occidentaux. La diffusion de publications occidentales est un délit passible de poursuites aux termes de l'Ordonnance sur la protection de la jeunesse, promulguée le 15 septembre 1955. Cette ordonnance interdit, à juste titre

---

[27] *Dokumente des Unrechts* (Bonn, République fédérale d'Allemagne, publié par le Ministère des affaires pan-allemandes) quatrième partie, p.197.

[28] *Der Mitteldeutsche* (Bonn, République fédérale d'Allemagne), 1961, No. 3/5.

d'ailleurs, la diffusion de livres ou de périodiques obscènes, mais sous cette dénomination, figurent non seulement des livres sans valeur, romans policiers ou histoires d'amour, mais aussi tous les livres « contraires aux morales et politiques des ouvriers ». Les adultes qui mettent en péril la « conscience socialiste » des jeunes ouvriers en distribuant de tels livres sont tenus pour responsables.

Dans la bibliothèque circulante que tenait une certaine Mme R.C., à Francfort-sur-l'Oder, ont été saisis et confisqués 229 livres qui, selon le rapport, rentraient sous les rubriques suivantes : « livres pour enfants, à tendance fasciste, littérature coloniale, livres antibolchéviques, livres publiés par des maisons d'éditions interdites, livres profascistes, livres d'Allemagne de l'Ouest, livres médiocres peu recommandables ». Parmi ces ouvrages figuraient des œuvres de Gœthe, Theodor Storm, Knut Hamsun, Theodor Plivier, Werner Bergengruen et le célèbre classique pour enfants « Heidi » de Johanna Spyri. Le Conseil municipal de Francfort retira à la prévenue, avec effet immédiat, l'autorisation de tenir une bibliothèque circulante et de vendre des livres, des journaux et des périodiques. Le tribunal de district de Francfort la condamna à un an de prison pour infraction à l'Ordonnance sur la protection de la jeunesse. [29]

Le 9 octobre 1958, le tribunal municipal du district de Prenzlauer Berg, à Berlin-Est a condamné trois nettoyeuses à huit mois de prison au total pour avoir échangé sur leur lieu de travail des journaux et des romans populaires édités en Allemagne de l'Ouest.

b) La Radiodiffusion et la télévision

Certains obstacles techniques s'opposent aux efforts que le gouvernement déploie pour supprimer la liberté de l'information ; les habitants de la R.D.A. et de Berlin-Est peuvent, en effet, recevoir des informations et des idées de l'Ouest par les émissions de la radiodiffusion et de la télévision. Selon des statistiques officielles publiées le 1er juillet 1960, il y avait 700.000 souscripteurs de la télévision dans la R.D.A. et 70 pour cent d'entre eux écoutaient les émissions de l'Ouest. Le S.E.D. soutient que le mécontentement et l'opposition que manifeste la très grande majorité de la population de la R.D.A. doivent être attribués aux programmes de la radio et de la télévision des nations occidentales. Aucune loi valable n'a jusqu'ici été promulguée punissant de sanctions pénales le propriétaire d'un appareil de télévision et sa famille

---

[29] *Dokumente des Unrechts, Op. cit.*, p. 39 *et suiv.*

qui regardent les programmes de l'Ouest.[30] Toutefois le gouvernement a déclaré que si le propriétaire d'un appareil de radio ou de télévision invitait des personnes n'appartenant pas à sa proche famille à écouter ces programmes, il commettait un délit équivalant à de la propagande contre l'Etat. Les peines qui frappent cette forme de propagande contre l'Etat ont été considérablement élevées depuis le 13 août 1961. A une date aussi récente que le 21 juin 1960, le tribunal de district de Potsdam avait condamné à « seulement » un an de prison un décorateur, W.B., coupable d'avoir invité des amis à assister à des programmes de télévision occidentaux, donc de s'être livré à de la propagande contre l'Etat, alors que, pour le même délit, le tribunal de la région de Schwerin a, le 25 août 1961, condamné cinq personnes à des peines de prison s'élevant au total à 15 ans ½.

En même temps, le S.E.D. a cessé de faire surtout confiance à l'Etat pour interdire la réception des programmes occidentaux de radio et de télévision. Il a confié à son association de jeunesse, la Jeunesse allemande libre, le soin d'y mettre fin et lui a donné les « ordres d'action » voulus. L'annonce d'une « Campagne-éclair contre les stations d'émission de l'O.T.A.N. » a été publiée; elle contenait les détails suivants:

Quand? Entre le 5 et le 9 septembre

Où? Aux lieux de travail et dans les logements

Quoi? Nous avons trois objectifs:

1. Nous ferons comprendre aux gens que quiconque écoute une station d'émission de l'O.T.A.N. devient la dupe des ennemis de la paix et de la classe ouvrière. Nous susciterons la discussion partout et nous la poursuivrons jusqu'à ce que tout soit parfaitement clair, et que chacun décide de ne plus écouter les stations de l'O.T.A.N. et au contraire, d'orienter son antenne vers les stations de la liberté et du socialisme.

2. Mais si les gens ne veulent pas entendre raison, nous monterons sur le toit de leur maison et nous tournerons leurs antennes dans la bonne direction; si tous nos efforts échouent, nous enlèverons les antennes.

3. Nous ferons en sorte également que les monteurs, à l'avenir, ne posent plus d'antennes pivotantes. Dans les ateliers où elles se fabriquent, les spécialistes membres de notre association qui ont une conscience de classe veilleront que les antennes soient convenablement montées pour la recherche

---

[30] On trouvera à l'Annexe D, ci-dessous un exemple d'arrêté arbitraire pris par un conseil municipal.

de la paix et que tous les postes de télévision soient syntonisés sur les stations de la paix. [31]

Il va de soi que toutes les personnes touchées ne se laissèrent pas convaincre, et dans bien des cas la jeunesse allemande libre appliqua les sanctions prévues. Pendant la séance du 20 septembre 1961 de la Chambre populaire, un député femme

> portant la chemise bleue de l'Organisation de la jeunesse de l'Etat a annoncé la formation dans les usines, de « groupes de maintien de l'ordre » composés de femmes; ils sont chargés de persuader les ouvriers réfractaires de tenir leurs engagements de productivité. Cette femme décrivit avec fierté l'œuvre de son groupe, *qui a démonté plus de 100 antennes de télévision sur les toits* et a persuadé de nombreux jeunes gens d'accomplir un service honorable dans les forces armées nationales. [32]

Des antennes de télévision furent ainsi détruites.

Ces violations des droits de l'individu et les dommages causés par ces actions illégales ordonnées par le S.E.D. n'ont pas été punis. Lorsque le parti déclare qu'une activité est utile, elle n'est pas contraire à la loi. Une demande de dommages-intérêts réclamée à un membre du S.E.D. pour la destruction d'un poste récepteur de radio a été rejetée par le tribunal de district de Potsdam le 15 janvier 1959 avec les motifs suivants:

> Il est parfaitement évident que les biens du plaignant ont subi des dommages. Le défendeur a délibérément brisé le poste portatif du plaignant.
>
> Il faut néanmoins examiner également si l'acte du défendeur était contraire à la loi, ou si le défenseur avait le droit d'agir ainsi. Le tribunal estime que l'acte du défendeur n'était pas contraire à la loi. Selon les dispositions de l'article 228 du code civil, il n'est pas contraire à la loi d'endommager ou de détruire les biens d'autrui si cela est fait pour se protéger ou protéger autrui d'un danger que cet objet pourrait faire courir.
>
> Il peut être prouvé que le plaignant faisait fonctionner son poste si fort que les passants pouvaient entendre les commentaires provocateurs de la R.I.A.S. [33]. Il se rendait ainsi coupable de diffusion de propagande subversive dirigée contre notre Etat. Le fait de faire entendre ces programmes dans la rue met notre République en danger.
>
> Le défendeur, par son acte, a fait disparaître ce danger. Il était donc indispensable d'endommager ou de détruire cet appareil de radio puisque le plaignant avait déjà montré dans la discussion qui avait eu lieu auparavant qu'il n'acceptait pas de fermer son poste.

---

[31] *Junge Welt* (Berlin-Est), 5 septembre 1961; c'est le journal officiel du conseil central de la jeunesse allemande libre.

[32] *Neue Zürcher Zeitung* (Zurich), 21 septembre 1961.

[33] Poste de radio du secteur américain.

Nous trouvons un exemple typique de la manière dont on justifie l'impunité d'actions illégales mais politiquement souhaitables dans les motifs d'un arrêt rendu par la Cour suprême de la R.D.A. en décembre 1959, et acquittant un dirigeant du S.E.D. qui, à la fin d'une discussion politique, avait frappé d'un coup de fourche à la tête un cultivateur:

> Si une personne qui en a provoqué une autre est blessée à la suite d'une réfutation politiquement justifiée de ces remarques antidémocratiques, il n'y a pas infraction punissable puisque cette action ne nuit ni à la République démocratique allemande, ni à l'édification du socialisme, ni aux intérêts des travailleurs. C'est la personne qui est coupable de ces remarques qui est elle-même responsable de tous les dommages qu'elle a ainsi causés.

Les actions menées par la Jeunesse allemande libre pour empêcher l'audition des émissions radiophoniques occidentales, et l'acquittement de leurs membres qui ne sont pas tenus pour responsables de ces actes contraires à la loi, servent à illustrer de manière impressionnante jusqu'où peut aller la coercition exercée par la dictature du prolétariat, telle que celle-ci est comprise dans la R.D.A. Dans un régime de dictature du prolétariat, ce ne sont pas les autorités de l'Etat au sens traditionnel du terme, c'est-à-dire les pouvoirs désignés par la Constitution, qui exercent le pouvoir suprême. Le pouvoir suprême qui domine toute autre autorité dans la nation, c'est le parti communiste ou ses organes exécutifs. Pour décrire cette forme particulière d'Etat, Lénine utilisait la métaphore de la force motrice, des courroies de transmission et des leviers. Les leviers et les courroies de transmission sont représentés par les syndicats, les soviets (c'est-à-dire les autorités constitutionnelles), les coopératives et la ligue de la jeunesse communiste. La force motrice, c'est le parti communiste, c'est-à-dire en R.D.A. le S.E.D. Selon la terminologie des statuts du parti communiste de l'Union soviétique, les syndicats, les soviets, les coopératives, etc., rentrent sous la rubrique commune des « organisations extérieures au parti ». Afin de parvenir à ses buts nationaux ou sociaux, un parti communiste utilise l'« organisation extérieure au parti » qu'il considère comme la mieux adaptée au but donné. La seule chose dont il lui faille s'assurer, c'est qu'une organisation n'ira pas peser sur l'activité d'une autre ou lui faire obstacle, par exemple que les tribunaux n'imputeront pas aux exécutants d'une action ordonnée par le parti la responsabilité civile pénale des dommages causés au cours de cette action. Ainsi que nous l'avons montré, ce danger est entièrement éliminé.

CONCLUSION

En réponse à une lettre adressée par le maire de Berlin au Congrès pour la liberté de la culture, trente auteurs de réputation mondiale signèrent le 29 août 1961 un manifeste où ils déclaraient notamment :

« Il est triste qu'un ordre social force ses citoyens, par millions, à chercher asile ailleurs. Il est encore plus répréhensible de les empêcher de s'échapper au moyen de murs et de barbelés placés en travers des rues, de les menacer à la pointe des baïonnettes, de les tirer au vol quand ils fuient, comme s'ils étaient des esclaves fugitifs.

« Il ne s'agit pas ici de politique, d'idéologie ou de philosophie sociale. Il s'agit du respect le plus élémentaire d'un droit de l'homme, d'un droit que toutes les nations du monde civilisé ont reconnu, on le sait. La Déclaration universelle des droits de l'homme, qui a été adoptée par l'Assemblée générale des Nations Unies, affirme ce droit sans la moindre équivoque (article 13, paragraphe 2) : « Toute personne a le droit de quitter tout pays, y compris le sien... »

Cette garantie a même été reprise dans la Constitution de la R.D.A. : « Tout citoyen a le droit d'émigrer » (article 10, paragraphe 3). Mais ce droit a commencé à être sapé bien longtemps avant que le mur n'ait été construit. L'obligation du passeport et du visa n'est compatible avec la liberté de sortie et d'émigration que si le citoyen a un droit ferme au passeport et au visa de sortie. La loi de 1954 sur la délivrance des passeports n'accorde pas ce droit aux citoyens de la R.D.A. et aux habitants de Berlin-Est. Les lourdes sanctions pénales que prévoient la loi de 1957 portant amendement à la loi sur les passeports, lorsqu'un citoyen tente de fuir hors de la République, et la loi portant amendement à la loi pénale promulguée la même année, lorsqu'il y a crime de prosélytisme coupable, sont également inconciliables avec la liberté de sortie et d'émigration. Le fait qu'à l'intérieur de la zone de contrôle la police soit autorisée à faire feu sur ceux qui s'échappent du territoire de la République est encore moins compatible avec cette liberté élémentaire. Les mesures que le gouvernement de la

R.D.A. a prises après le 13 août 1961 pour empêcher les citoyens de la R.D.A. de s'enfuir ont rendu totalement inexistante cette liberté de sortie et d'émigration garantie par la Constitution.

En dehors de leurs effets sur la liberté de sortie et d'émigration, les mesures prises par le Gouvernement de la R.D.A. à partir du 13 août 1961 ont très largement empiété sur d'autres droits fondamentaux, tels que la liberté individuelle et la liberté de mouvement, c'est-à-dire « le droit de résider en quelque endroit que ce soit », toutes deux garanties par l'article 8 de la Constitution de la R.D.A. Tel fut l'effet, en particulier, de l'ordonnance du 14 août 1961 sur la restriction du droit de résidence qui confère aux tribunaux ou aux autorités administratives le pouvoir d'ordonner l'expulsion, le bannissement et le travail obligatoire, même contre des personnes qui n'ont commis aucune action délictueuse. Il suffit que l'organisme intéressé juge que la mesure est prise « dans l'intérêt de la communauté ou de l'individu » ou que « la sécurité et l'ordre public sont menacés ». En vertu de cette même ordonnance, les personnes considérées comme réfractaires au travail peuvent être condamnées à un travail éducatif. Si le Ministre de la Justice, Hilde Benjamin, a pu dire que les clauses de l'ordonnance représentent des « étapes de l'évolution du droit socialiste », cette déclaration ne saurait masquer le fait que la nouvelle législation est contraire aux principes fondamentaux du droit. Les décisions des tribunaux et la pratique administrative le prouvent abondamment. Il suffit de rappeler le cas du membre d'une coopérative agricole de Potsdam qui fut condamné à une peine de travail éducatif pour avoir été trouvé « réfractaire au travail », ayant réclamé une soirée de liberté après sa journée de huit heures de travail. Les soirées libres après le travail avaient été promises aux agriculteurs pendant la campagne de socialisation de l'agriculture au printemps de 1960. Il ne fait guère de doute que l'ordonnance relative à la restriction du droit de résidence peut servir de base « juridique » à des mesures d'internement semblables à celles qui, du temps de Staline, eurent pour effet de remplir les camps de travail soviétiques.

Dans la résolution adoptée par les Etats membres du Pacte de Varsovie et publiée le 13 août 1961, il était indiqué « qu'il n'avait naturellement pas échappé à leurs gouvernements que l'application de mesures de protection à la limite de Berlin-Ouest causerait certains inconvénients à la population ». Ceux qui sont passés maîtres dans l'art de l'euphémisme peuvent exprimer ainsi cette idée, surtout lorsque les victimes des « mesures de protection » ne peuvent se faire entendre librement. Nous avons montré que les articles 19 et 20 de la loi de 1957 portant amendement à la loi pénale (propagande et agitation nuisibles à l'Etat ; calomnies à l'égard de l'Etat) disposent en fait que toute critique du régime ou de la politique est passible de sanctions. Les tribunaux ont appliqué ces dispositions dans toute leur rigueur à l'encontre des personnes qui ont exprimé leur mécontentement devant « l'inconvénient » que leur causaient le Mur et les autres mesures d'isolement.

L'article 9 de la Constitution de la R.D.A. dispose bien en effet que « tous les citoyens ont le droit, dans les limites des lois universellement applicables, d'exprimer leur opinion librement et publiquement » et la liberté d'opinion est certes l'un des droits civils les plus fondamentaux d'une démocratie. Cette liberté permet et protège la formation et l'expression d'une volonté nationale ; le respect de cette volonté, lorsqu'il s'agit de formuler la politique de l'Etat, est l'estampille même de la démocratie. Si on l'interprète bien, la liberté d'exprimer des opinions s'étend donc au droit de critiquer le régime et son administration. En R.D.A. toutefois, il en va différemment ; dans ce pays, le droit pour le citoyen d'exprimer librement ses opinions s'identifie avec le devoir de se taire.

Les restrictions apportées à la liberté de parole vont de pair avec les restrictions du droit d'écouter. Les mesures qui limitent la liberté individuelle, la liberté de se déplacer d'un pays à l'autre et à l'intérieur du territoire national et la liberté d'opinion s'accompagnent en conséquence de restrictions encore plus grandes de la liberté de l'information, c'est-à-dire du droit « de chercher et de recevoir les informations et les idées de toute origine ». Il faut protéger le citoyen de la R.D.A., moralement et physiquement, de tout contact intellectuel avec le monde libre. De toutes les mesures prises sous la rubrique de notre chapitre, la plus frappante est l'action confiée à la Jeunesse allemande libre contre les installations techniques permettant de recevoir les programmes de la radiodiffusion et de la télévision occidentales. Les antennes de télévision, en particulier, furent démontées *manu juventutis*.

Le Mur qui empêche les citoyens de la R.D.A. et de Berlin-Est de choisir la liberté ne peut masquer les injustices qui sont perpétrées sous son couvert. Sa construction au cœur même de la ville n'a aucune justification, ni juridique, ni morale.

ANNEXE A

Communiqué du Conseil municipal de Berlin-Est *

Conformément à la décision prise le 12 août 1961 par le Conseil des Ministres de la République démocratique allemande, les citoyens de la zone démocratique de Berlin ne se livreront plus à des activités professionnelles dans Berlin-Ouest.

Le Conseil municipal invite tous les citoyens de la zone démocratique de Berlin qui avaient précédemment un emploi dans Berlin-Ouest, soit à s'adresser à leur dernier employeur dans la zone démocratique de Berlin pour y reprendre leur emploi, soit à se faire inscrire au bureau de placement de leur quartier pour obtenir un travail leur convenant.

Berlin, 12 août 1961   Le Conseil Municipal
                                             du Grand Berlin

                                                  EBERT
                                                  Maire

---

* Paru dans *Neues Deutschland* (Berlin-Est), 13 août 1961.

ANNEXE B

Communiqué du Conseil municipal de Berlin-Est *

Le Conseil municipal de la capitale de la R.D.A. publie le communiqué suivant, relatif à l'inscription des écoliers, apprentis et étudiants qui poursuivaient jusqu'ici leurs études à Berlin-Ouest.

1. Il est prescrit aux citoyens de la capitale de la République démocratique allemande (zone démocratique de Berlin) dont les enfants suivaient jusqu'ici les cours d'une école de Berlin-Ouest, de s'inscrire au bureau compétent du service local de la Direction de l'enseignement municipal populaire, qui leur assignera l'école où leurs enfants devront se rendre.

2. Les apprentis faisant jusqu'ici leur stage à Berlin-Ouest devront s'inscrire au bureau compétent du service local de la direction de l'enseignement municipal populaire qui leur assignera un stage.

3. Les étudiants des Universités et Ecoles techniques qui jusqu'ici suivaient les cours d'une Université ou d'une Ecole technique ou professionnelle à Berlin-Ouest devront s'inscrire au bureau compétent du service local de la Direction de l'enseignement municipal populaire.

4. Les inscriptions prescrites aux paragraphes 1 à 3 devront être prises avant le 26 août au plus tard.

Berlin, 19 août 1961
                                       Le Conseil municipal
                                          du Grand Berlin

                                                  LENGSFELD
                                          Conseiller municipal

---

* Paru dans *Neues Deutschland* (Berlin-Est), 21 août 1961.

ANNEXE C

Ordonnance relative à l'interdiction de séjour

Conformément à la décision prise le 11 août 1961 par la Chambre populaire de la République démocratique allemande, le Gouvernement de la République démocratique allemande décrète ce qui suit :

Article 1

1) Lorsqu'une personne est condamnée à une peine de prison ou soumise à une mesure d'épreuve, le tribunal peut également lui infliger une peine d'interdiction de séjour.

2) L'interdiction de séjour peut être prononcée s'il est de l'intérêt de la collectivité ou de l'individu qu'il soit interdit à la personne condamnée de se rendre dans des communes ou régions déterminées, ou si la sécurité et l'ordre public sont menacés.

Article 2

L'interdiction de séjour interdit à la personne condamnée de résider dans certains lieux déterminés de la République démocratique allemande. Cette condamnation habilite les organes du pouvoir exécutif à imposer à la personne condamnée l'obligation de résider dans des communes ou régions déterminées. Ces organes peuvent également exiger de la personne condamnée qu'elle se livre à un travail déterminé.

Article 3

1) Le tribunal de district peut, à la demande de l'autorité locale, imposer l'interdiction de séjour même s'il n'y a pas eu infraction à une loi pénale déterminée, si le comportement de la personne représente un danger pour la collectivité ou les individus, ou si la sécurité et l'ordre public sont menacés. Dans ces cas, les dispositions de l'article 2 de la présente ordonnance s'appliqueront.

2) Le tribunal peut, à la demande des autorités locales, imposer un travail éducatif aux personnes réfractaires au travail.

---

* Paru dans *Gesetzblatt der Deutschen Demokratischen Republik* (Berlin-Est), 25 août 1961, no 55.

3) Les dispositions habituelles de la procédure criminelle seront appliquées en conséquence.

Article 4

1) Si la personne condamnée n'obéit pas à l'interdiction de séjour ou à l'ordre de travail, la mesure d'épreuve dont elle a pu bénéficier sera annulée.

2) Que la mesure d'interdiction soit accessoire à une peine de prison ou qu'elle ait été prononcée indépendamment, toute infraction à cette mesure ou à un ordre de travail sera punie d'une peine de prison.

Article 5

L'interdiction de séjour n'aura aucun effet sur les droits de propriété.

Article 6

Des règlements d'application seront pris par le Ministre de l'intérieur et le Ministre de la justice.

Article 7

La présente ordonnance entrera en vigueur le 25 août 1961.

Berlin, 24 août 1961

Le Conseil des Ministres de la République démocratique allemande

Le Ministre de la justice
Dr Benjamin

Stoph
Vice-président du Conseil des Ministres

ANNEXE D

Ordonnance du Conseil municipal de Pritzwalk interdisant toute audition des émissions radiophoniques occidentales

1) Il est interdit à tous les citoyens du chef-lieu de la région de Pritzwalk de recevoir les émissions radiophoniques des stations de radiodiffusion et de télévision de l'Allemagne de l'Ouest et de Berlin-Ouest.

2) Les antennes doivent être immédiatement orientées de manière à recevoir les émissions de radiophonie et de télévision de la Radio démocratique allemande.

3) La présente décision confirme les mesures prises antérieurement.

4) Les infractions à la présente ordonnance sont passibles de poursuites en application des dispositions légales en vigueur. Dans le cas d'infractions graves, les autorisations d'utiliser un poste de radiodiffusion ou de télévision peuvent être retirées. Les autorités peuvent également prononcer la confiscation de l'appareil.

L'ordonnance ci-dessus, du 13 août 1961, est arbitraire, parce qu'elle invoque pour tenter d'effrayer la population des dispositions légales qui n'existent pas.

ANNEXE E

Les deux extraits suivants de la presse de la République démocratique allemande donnent des exemples de châtiments infligés à ceux qui se livrent à « une agitation nuisible à l'Etat » et qui sont « réfractaires au travail ».

MARIA L'EMPOISONNEUSE ET LA CAMARADERIE MAL PLACÉE *

ou

OÙ CELA VOUS MÈNE D'ÉCOUTER L'ENNEMI

Une réunion extraordinaire des ouvriers à la Société de publicité Dewag, Fotodia, Dresde, a attiré un auditoire particulièrement nombreux. Le président, les juges et le procureur du tribunal du district du nord étaient venus pour expliquer à cet auditoire, composé en majeure partie de jeunes femmes et de jeunes filles, un procès qui les intéressait toutes et comportait une leçon pour toutes.

Marie Rieger, âgée de 56 ans, travaillait dans la société depuis plusieurs années et habitait à Dresde, dans le quartier A 19. A la suite des mesures prises le 13 août, elle calomnia honteusement notre Etat ouvrier et paysan et souhaita à tous les citoyens de la R.D.A. que la récolte soit mauvaise. Cette discussion a montré jusqu'où la menaient ses pensées corrompues. Elle écoutait avidement les émissions incendiaires de la radio de la zone ouest et tirait ses informations de journaux occidentaux qu'elle recevait de sa sœur, qui vit en Bavière. Elle en prêta même quelques-uns à d'autres femmes qui travaillaient avec elle, et pendant l'année passée elle a répandu ce poison par petites doses au moyen de remarques insidieuses qu'elle ne cessait de faire aux autres membres de son équipe. Tout cela ne l'empêchait pas d'être très à son aise dans cet Etat qu'elle dénigrait. Conjointement avec son mari, elle possédait une maison neuve et elle avait environ 10.000 DM à la caisse d'épargne.

C'est à juste raison que certaines de ses compagnes de travail prirent la parole à cette réunion pour demander à son équipe et à son chef d'équipe d'expliquer comment cette propagande avait pu se faire ouvertement. « Nous discutons ensemble de tous nos problèmes. Dans le cas de cette personne nous aurions dénoncé au premier signe ces idées suspectes » dirent des équipières de l'atelier de peinture et de la section de photographie.

La suite du débat montra alors les points faibles de l'équipe et donna un exemple instructif des erreurs où peut mener une camaraderie mal comprise dans le travail. Le chef d'équipe reconnut alors : « Oui, c'est vrai, j'aurais dû la réprimander sévèrement. » Mais rien ne s'était passé, bien que dans l'équipe chacun sût très bien que Maria Rieger écoutait les émissions incendiaires et ne cessait de dire du mal de notre Etat. « Nous ne la prenions pas au sérieux! », « Nous avions pris l'habitude de l'entendre geindre. » Et ainsi elles laissèrent

---
* Extrait du *Sächsische Zeitung* (Dresde), 6 septembre 1961.

55

Maria Rieger en paix jusqu'au jour où l'une de ses coéquipières en eut assez et, consciente de son devoir, ne cacha plus ces plaintes perpétuelles.

Maria l'empoisonneuse passera maintenant une année en prison, à l'abri des insinuations hostiles de la propagande de l'Ouest, et elle pourra ainsi réfléchir à sa conduite honteuse et en tirer des conclusions pour l'avenir. Les membres de son équipe, toutefois, feraient bien elles aussi de se réunir pour une discussion franche et honnête, en tenant compte des résultats où leur indifférence aurait pu les mener.

RUTHENBERG A ÉTÉ FLANQUÉ DEHORS*

En ces jours où notre République a remporté une victoire pour la paix, nous nous sommes tous sentis plus grands. Les camarades ont serré les rangs. De nouveaux combattants ont rejoint le parti. Les hésitants ont fini par comprendre ce qu'il en était et ont rejoint les forces de paix. Tandis que notre armée populaire nationale et les groupes de combat montent la garde pour la paix à la frontière de Berlin-Ouest, les travailleurs témoignent de leur fidélité à la R.D.A. en remportant de nouveaux succès sur le front de la production. De nombreux journaux d'équipes contiennent des rapports sur les actes d'héroïsme, grands et petits, accomplis aujourd'hui, tels que celui de l'équipe Scholz à l'usine Coswig de piliers en béton pré-contraint, dont nous publierons des extraits dans les jours à venir.

Ruthenberg était dans notre équipe depuis le 6 juin. Il avait été envoyé à notre usine pour recueillir des informations d'ordre pratique destinées à une nouvelle usine. « Ce gamin de 20 ans nous a cassé les pieds dès le début » remarque le contremaître Scholz. « Il jouait au tombeur de cœurs, il ne paraissait pas aux réunions collectives et était aussi tire-au-flanc que possible. »

« Nous nous sommes aperçus qu'il penchait vers l'Ouest », ajoute notre moniteur du parti Bruno Hoffmann, « mais tout a sauté le 14 août. »

Que s'est-il passé à notre usine le 14 août ?

Ruthenberg avait coupé au travail les 9 et 10 août, et l'on sut qu'il était allé chez lui le 11 août. Puis brusquement il réapparut le 14 août. Pendant la pause de la matinée, alors qu'Hoffmann notre moniteur de groupe expliquait à notre équipe les mesures de protection prises par notre gouvernement, Ruthenberg crut que le moment était propice. Il nous provoqua par des insolences : « Dites-moi pourquoi il a fallu mettre des chars d'assaut en position à Berlin s'il est vrai que nous sommes partisans de la paix ? » Puis il pensa jouer sa carte maîtresse. Il nous dit qu'il avait été à Berlin dimanche et nous raconta des histoires à dormir debout, ce à quoi Bruno Hoffmann lui répondit vertement. Mais tous nos camarades d'équipe ne savaient pas que Ruthenberg jouait avec des cartes truquées.

Quelques jeunes sans expérience politique tels que Christa Wendisch, Jürgen Goldhahn et Jochen Schulze étaient presque tentés de prêter l'oreille à l'appel de sirène de ce bonneteur. Après la réunion Ruthenberg tenta encore de faire sa propagande, mais il allait tomber sur un bec.

Nos camarades avaient réfléchi entre temps. A une deuxième réunion ce même jour, ils passèrent Ruthenberg au crible.

C'est Wegner qui engagea le fer : « Comment se fait-il que tu reviennes après avoir été te balader pendant plusieurs jours ? »

---

* Extrait du *Sächsische Zeitung* (Dresde), 12 septembre 1961.

Ruthenberg essaya de se tirer de là. Il raconta qu'il avait été chez son oncle à Berlin-Ouest.

Le camarade Schäbitz lui demanda alors: « Et qu'est-ce que tu avais à faire à Berlin-Ouest ? ». Ruthenberg était coincé et il dut avouer. Ruthenberg avait une fois déjà trahi notre République. Son père avait lui aussi été arrêté pour des délits analogues alors qu'il était en « congé d'Etat », pour employer l'argot de voleur de Ruthenberg. Cet agent provocateur s'est trahi à plusieurs reprises. Il nous dit que lui et un groupe d'autres voyous excités par les grands patrons de Berlin-Ouest auraient aimé attaquer nos chars.

D'autres collègues, comme Emil Winter qui, jusque-là considérait que les discours de Ruthenberg n'étaient que du vent, se rendaient compte combien ce gredin était dangereux. Nos poings de travailleurs nous démangeaient!

La discussion dura quatre bonnes heures, mais à la fin la fourberie de Ruthenberg était exposée au grand jour. La décision unanime de l'équipe était: « Ruthenberg est un traître. » « Il n'y a pas de place dans notre équipe pour des gens comme cela. » « Voilà du travail pour le procureur de la République. »

Et le procureur a fait son travail. Ruthenberg a été mis au frais pendant deux ans et demi. « Ce n'est pas cher », affirme notre doyen de l'équipe, Hans Haufe. « Mais nous avons oublié quelque chose. Nous aurions dû lui botter les fesses. Ce salopard et ses patrons auraient été bien contents de nous voir mendier un croûton de pain à la frontière de Berlin-Ouest. Notre gouvernement a eu rudement raison d'y envoyer quelque chose de solide, je veux dire les chars. Et on a eu rudement raison d'envoyer ce pourri de Ruthenberg là d'où il n'aurait jamais dû sortir. »